The Nightingale and the Rose

· 全译本 ·

夜莺与玫瑰

〔英〕奥斯卡·王尔德 著
林徽因 译

汕頭大學出版社

图书在版编目（CIP）数据

夜莺与玫瑰 /（英）奥斯卡·王尔德著；林徽因译
.—汕头：汕头大学出版社，2018.1（2022.8 重印）
ISBN 978－7－5658－3301－4

Ⅰ.①夜… Ⅱ.①奥… ②林… Ⅲ.①童话－作品集
－英国－近代 Ⅳ.①I561.88

中国版本图书馆 CIP 数据核字（2018）第 000774 号

夜莺与玫瑰　　YEYING YU MEIGUI

作　　者：（英）奥斯卡·王尔德
译　　者：林徽因
责任编辑：邹　峰
责任技编：黄东生
封面设计：门乃婷
出版发行：汕头大学出版社
　　　　　广东省汕头市大学路 243 号汕头大学校园内　邮政编码：515063
电　　话：0754－82904613
印　　刷：三河市兴达印务有限公司
开　　本：880mm×1230mm　1/32
印　　张：8
字　　数：142 千字
版　　次：2018 年 1 月第 1 版
印　　次：2022 年 8 月第 3 次印刷
定　　价：28.00 元
ISBN 978－7－5658－3301－4

前　言

《夜莺与玫瑰》是英国唯美主义作家王尔德创作的童话作品之一，首次出版于1888年。王尔德生活在19世纪的维多利亚时代，工业革命正在英国如火如荼地进行，整个社会发生了前所未有的剧变，物欲横流金钱至上，“唯利是图”之风弥漫了大不列颠的各个角落。自19世纪初资本主义制度在西欧确立后的数十年间，给社会心理造成了巨大影响。人们的世界观、价值观发生了很大的变化。在那种社会里，资产阶级抹去了所有一切最被尊崇的职业上面的神圣光彩，它把医生、律师、牧师、诗人和学者变成了它“拿钱雇佣的仆役”。

王尔德面对当时社会的拜金主义风气、市侩哲学和虚伪的道德，在童话《夜莺与玫瑰》中描绘了一个虚构的故事，以此来揭示了英国资本主义社会中人与人之间赤裸裸的金钱关系和由此产生的种种丑恶现象，追求心灵的唯美世界，以艺术之美来对抗庸俗的社会现实。

《夜莺与玫瑰》，不仅是一篇脍炙人口、充满想象的童话故事，更像是一篇内涵深沉的散文。华丽的辞藻，优雅的文体，无不散发着美的气息。同时，这篇童话作品又是一篇发人深省的批判议论，是作者以极大的同情与怜悯写成的，是真诚与虚伪的对立，在这种对立中讴歌了真、善、美，鞭挞了假、恶、丑。王尔德历来推崇的唯美主义艺术主张在《夜莺与玫瑰》中发挥到了极致。

此外，在作品中王尔德还通过拟人和象征手法，使得作品具有了深刻的社会批判意义。例如，蜥蜴的自负体现了御用文人的不可一世的嘴脸；蝴蝶的随波逐流乃是资产阶级拜金主义的代言人；雏菊的愚昧无知代表了当时社会中的不学无术、头脑空虚的应声虫。这些人是王尔德所不齿的，但恰恰正是蜥蜴、蝴蝶和雏菊等对真爱麻木之辈更加衬托出夜莺对爱的执着。这种执着是感人至深的，是心灵美的具体表现——为爱而奉献一切。

本书的译者是有“民国一代才女”之称的林徽因，其翻译的《夜莺与玫瑰》刊发于1923年12月1日的《晨报五周年纪念增刊》。林徽因在文学领域创作颇丰，代表作品有《你是人间的四月天》《九十九度中》等。我们在出版《夜莺与玫瑰》时，还在书中附录了林徽因的部分诗歌与散文，读者在领略林徽因所翻译的名著同时，还可以欣赏到一代才女在诗歌和散文方面优美的文笔与才情。

2018年1月

目录

夜莺与玫瑰

“她说只要我为她采得一朵红玫瑰，便与我跳舞，”青年学生哭着说，“但我的花园里何曾有一朵红玫瑰？”

橡树上的夜莺在巢中听见了，从叶丛里往外望，心中诧异。

“我的园子中并没有红玫瑰，”青年学生的秀眼里满含泪珠，“唉，难道幸福就寄托在这些小东西上面吗？圣贤古书我已读完，哲学的玄奥我已领悟，然而就因为缺少一朵红玫瑰，生活就如此让我难堪吗？”

“这才是真正的有情人，”夜莺叹道，“以前我虽然不曾与他交流，但我却夜夜为他歌唱，夜夜将他的一切故事告诉星辰。如今我见着他了，他的头发黑如风信子花，嘴唇犹如他想要的玫瑰一样艳红，但是感情的折磨使他的脸色苍白如象牙，忧伤的痕迹也已悄悄爬上他的眉梢。”

青年学生又低声自语：“王子在明天的晚宴上会跳舞，

我的爱人也会去那里。我若为她采得红玫瑰，她就会和我一直跳舞到天明。我若为她采得红玫瑰，将有机会把她抱在怀里。她的头，在我肩上枕着；她的手，在我掌心中握着。但花园里没有红玫瑰，我将只能寂寞地望着她，看着她从我身旁擦肩而过，她不理睬我，我的心将要粉碎了。”

“这的确是一个真正的情人，”夜莺又说，“我所歌唱的，正是他的痛苦；我所快乐的，正是他的悲伤。‘爱’果然是非常奇妙的东西，比翡翠还珍重，比玛瑙更宝贵。珍珠、宝石买不到它，黄金买不到它，因为它不是在市场上出售的，也不是商人贩卖的东西。”

青年学生说：“乐师将在舞会上弹弄丝竹，我那爱人也将随着弦琴的音乐声翩翩起舞，神采飞扬，风华绝代，莲步都不曾着地似的。穿着华服的少年公子都会艳羡地围着她，但她不会跟我跳舞，因为我没有为她采得红玫瑰。”他扑倒在草地里，双手掩着脸哭泣。

“他为什么哭泣呀?”绿色的小壁虎，竖起尾巴从他身前跑过。

蝴蝶正追着阳光飞舞，也问道：“是呀，他为什么哭泣?”

金盏花也向她的邻居低声探问：“是呀，他到底为什么哭泣?”

夜莺说："他在为一朵红玫瑰哭泣。"

"为一朵红玫瑰吗？真是笑话！"他们叫了起来，那小壁虎本就刻薄，更是大声冷笑。

然而夜莺了解那青年学生烦恼的秘密，她静坐在橡树枝上，细想着"爱情"的玄妙。忽然，她张开棕色的双翼，穿过那如同影子一般的树林，如同影子一般地飞出花园。

青青的草地中站着一棵艳美的玫瑰树，夜莺看见了，向前飞去，歇在一根小小的枝条上。

她对玫瑰树说："能给我一朵鲜红的玫瑰吗？我为你唱我最婉转的歌。"

那玫瑰树摇摇头。

"我的玫瑰是白色的，"那玫瑰树回答她，"白如海涛的泡沫，白如山巅上的积雪，请你到日晷[①]旁找我兄弟，或许他能答应你的要求。"

夜莺飞到日晷旁边那棵玫瑰树上。

她又叫道："能给我一朵鲜红的玫瑰吗？我为你唱我最醉人的歌。"

那玫瑰树摇摇头。

"我的玫瑰是黄色的，"他回答她，"黄如琥珀座上美

---

① 日晷，又称"日规"，古代利用日影观测时间的一种计时仪器。

人鱼的头发，黄如盛开在草地未被割除的水仙，请你到那个青年学生的窗下找我兄弟，或许他能答应你的要求。”

夜莺飞到青年学生窗下那棵玫瑰树上。

她仍旧叫道：“能给我一朵鲜红的玫瑰吗？我为你唱我最甜美的歌。”

那玫瑰树摇摇头。

他回答她说：“我的玫瑰是红色的，红如白鸽的脚趾，红如海底岩石下蠕动的珊瑚。只是严冬已冰冻我的血脉，寒霜已啮伤我的萌芽，暴风已打断我的枝干，今年我不能再次盛开了。”

夜莺央告说：“一朵红玫瑰就够了，我只要一朵红玫瑰呀，难道没有其他法子了？”

那玫瑰树答道：“有一个法子，只有一个，但是太可怕了，我不敢告诉你。”

“告诉我吧，”夜莺勇敢地说，“我不怕！”

“方法很简单，”那玫瑰树说，“你需要的红玫瑰，只有在月色里用歌声才能使她诞生；只有用你的鲜血对她进行浸染，才能让她变红。你要在你的胸口插一根尖刺，为我歌唱，整夜地为我歌唱，那刺插入你的心窝，你生命的血液将流进我的心房。”

夜莺叹道：“用死来买一朵红玫瑰，代价真不小，谁的生命不是宝贵的？坐在青郁的森林里，看着太阳驾驶着他的黄金战车，月亮开着她的珍珠马车，是多么的快乐呀！山楂花的味儿真香，山谷里的桔梗和山坡上的野草真美，然而‘爱’比生命更可贵，一只小鸟的心又怎能和人的心相比呢？”

忽然她张开棕色的双翼，穿过那如同影子一般的花园，从树林里激射而出，冲天飞去。

那青年学生仍旧僵卧在方才她离去的草地上，一双美丽的眼睛里，泪珠还没有干。

“高兴吧，快乐吧，”夜莺喊道，“你将要采到那朵红玫瑰了。我将在月光中用歌声来使她诞生，我向你索取的报酬，仅是要你做一个忠实的情人。因为哲理虽智，爱却比她更慧；权力虽雄，爱却比她更伟。焰光的色彩是爱的双翅，烈火的颜色是爱的躯干，她的唇甜如蜜，她的气息香如乳。”

青年学生在草丛里抬头侧耳静听，但是他不懂夜莺所说的话，只知道书上所写的东西。

那橡树却是明白了，悲伤蔓延在他的心头，他非常怜爱在树枝上结巢的小夜莺。他轻声说：“唱一首最后的歌给我听吧，你离去后，我将会感到无限的寂寞。”

于是夜莺为橡树歌唱，婉转的音调就像银瓶里涌溢的水浪一般清越。

唱罢过后，那青年学生站起身来，从衣袋里掏出一本日记簿和一支笔，一边往树林外走，一边自语道："那夜莺的样子生得确实很漂亮，这是不可否认的，但是她有感情吗？我怕没有！她其实就像许多美术家一般，尽是表面的形式，没有诚心的内涵，肯定不会为别人而牺牲。她所想的无非是音乐，可是谁不知道艺术是自私的。虽然，我们总须承认她有醉人的歌喉，可惜那种歌声是毫无意义的，一点也不实用。"

他回到自己房间，躺在小草垫上，继续想念他的爱人，过了片刻就熟睡过去。

待月亮升上天空，月光洒向宁静的大地，夜莺就飞到那棵玫瑰树上，将胸口压向尖刺。疼痛顿时传遍她的身躯，鲜红的血液从体内流了出来。她张开双唇，开始整夜地歌唱起来，那夜空中晶莹的月亮，也倚在云边静静地聆听。

她整夜地歌唱，那刺越插越深，生命的血液渐渐溢去。

她最先歌唱的，是少男少女心里纯真的爱情，唱着唱着，玫瑰枝上开始生长一苞卓绝的玫瑰蕾，歌儿一首接着一首地唱，花瓣一片跟着一片地开。起先那花瓣是黯淡的，如同河上笼罩的薄雾，如同晨曦交际的天色，那枝上的玫瑰蕾，就像映在银镜里的玫瑰花影子、映照在池塘的玫瑰倒影。

但是那玫瑰树依然催迫着夜莺往自己的身子紧插那根刺。

“靠紧一些，小夜莺呀，”那树连声叫唤，“不然，玫瑰还没盛开，黎明就要来临了！”

夜莺赶紧把尖刺插得更深，悠扬的歌声更加响亮。她这回所歌颂的是成年男女心中热烈如火的爱情，唱着唱着，玫瑰瓣上生长出一层娇嫩的红晕，如同初吻新娘时新郎的绛颊。只是那刺还未插到夜莺的心房，玫瑰花的花心尚留着白色，只有夜莺的心血才可以把玫瑰的花心彻底染红。

那树又催迫着夜莺往自己的胸口紧插那根刺。

“靠紧一些，小夜莺呀，”那树连声叫唤，“不然，玫瑰还没盛开，黎明就要来临了！”

夜莺赶紧把刺又插深一些，深入骨髓的疼痛传遍她的全身，玫瑰花刺终于刺入她的心房。那挚爱和冢中不朽的爱情呀，卓绝的白色花心如同东方的天色，终于变作鲜红，花的外瓣红如烈火，花的内心赤如绛玉。

夜莺的声音越唱越模糊，她拍动着小小的双翅，眼睛蒙上一层灰色的薄膜。她的歌声越来越模糊，觉得喉咙里有什么东西哽咽住似的。

但她还是唱出最后的歌声，白色的残月听见后，似乎忘记了黎明，在天空踌躇着。那玫瑰花凝神战栗着，在清冷的晓风里瓣瓣开放。回音将歌声领入山坡上的暗紫色洞穴，将牧童从梦里惊醒过来。歌声流入河边的芦苇丛中，苇叶将信息传至大海。

那玫瑰树叫道："看呀，看呀，这朵红玫瑰生成了！"

然而夜莺再也不能回答，她已躺在乱草丛中死去，那尖刺还插在她的心头。

中午时分，青年学生打开窗户，忽然，他惊呆了。

"怪事，今天真是难得的幸运，这儿居然有朵红玫瑰！"他叫着，"如此美丽的红玫瑰，我从来没有见过，她一定有个很繁长的拉丁名字。"便俯身下去，把红玫瑰采摘下来，然后戴上帽子，手里拈着玫瑰花，往教授家跑去。

教授的女儿正坐在门前卷着一轴蓝色绸子，一只温顺的小狗伏在她脚边。

青年学生叫道："你说过，我若为你采得红玫瑰，你便同我跳舞。这里有一朵全世界最珍贵的红玫瑰，你可以将她插在你的胸前，我们同舞的时候，这花便会告诉你，我是怎样地爱你。"

但那女郎却皱着眉头。

她说："我怕这花儿配不上我的衣服吧，而且大臣的侄子送我许多珠宝首饰，人人都知道珠宝比花草要贵重得多。”

青年学生傻了，这就是爱情的真相吗？失望顿时占据他的整个心神。

“你简直是个无情无义的人。”他怒道，将红玫瑰掷在街心，一个车轮从红玫瑰上面碾过。

“无情无义？”女郎说，“我告诉你吧，你实在无礼，况且你到底是谁啊？不过一个学生，我看，像大臣侄子鞋上的那种银纽扣你都没有。”说完就站起身走进屋子。

青年学生懊恼地走着，自语道：“爱情是多么无聊啊，远不如伦理学实用。它所告诉人们的，全是空中楼阁与缥缈虚无的幻想。在现实的世界里，首要的是实用，我还是回到我的哲学和玄学书上去吧！”

他回到房中，取出一本笨重的、布满尘土的大书埋头细读起来。

幸福王子

城中屹立着一根圆形高柱，幸福王子的雕像站立在上面。他全身贴满金叶，宝玉镶成的眼睛纯洁晶莹，腰刀悬挂在身上，刀柄镶着一粒闪闪发亮的大红玉。

如此姿态让所有人倾慕，一位市参议员赞道：“他真是玉树临风，英俊不凡。”这样说，无非是为了表现自己有艺术鉴赏力，只是说完他又连忙补上一句：“可惜除了好看外，没什么具体用处。”又怕别人骂他是一个爱慕虚荣的人。

一位聪明的母亲，对那哭着要月亮的娃娃说：“你为什么不像幸福王子那样呢？他做梦都不会哭着向人要东西。”

一位失意的人呆看着雕像喃喃地说：“世间原来有如此快乐幸福的人呀！”

孤儿院的孩子们穿着华丽的小红袄，披着洁净的白色围巾从教堂里走出来，其中一个说：“他看起来就像安琪儿。”

老师说：“你不曾见过安琪儿，怎么知道他像安琪儿?”

学生答：“我当然见过，不过是在梦里。”

“梦可不能随便做。”老师紧皱双眉，神情肃然。

一天夜里，一只小燕子从城外飞来。他的伙伴六个星期前已去埃及，但由于他爱上美丽的芦苇，耽误了行程，所以落在了最后面。

小燕子与芦苇初遇是在早春时节，那时他正追着一只黄蛾。当他从河边飞过的时候，被芦苇那纤弱的细腰，点燃了内心爱情的火焰，他忍不住停下来与她攀谈。

“我可以爱你吗?”小燕子激动得想立刻飞到芦苇的身边。

芦苇红着脸，深深地弯了一下腰，点点头。

从此小燕子便绕着她飞来飞去，向她表示浓烈的爱意。他的翅膀拍打着水面，水中泛起一圈圈银色的涟漪，一个夏天都不曾停止。

“这样的恋爱真可笑，她又没有钱，亲戚还如此众多。”别的燕子嘲笑他。的确。那条河里生满成片的芦苇，密密麻麻。不过小燕子却不理这些闲言碎语，依旧天天待在芦苇的身边。

到了秋天，其他燕子都飞往埃及准备过冬去了。他们飞走后，只剩下小燕子孤独一人，久了之后，他也开始对意中人产生厌倦。

“她又不会跟我说话，而且整天跟风在一起嬉戏，或许是个风流女子。”每当微风拂过，芦苇便行着最动人的屈膝礼，与风儿交融在一起，是如此温情，让人嫉妒。他又继续说：“也或许她是个很顾家的女人，而我则喜欢旅行，我的妻子应追随我的脚步，与我一起浪迹天涯。”

“你能同我走吗？”小燕子最后问她。

芦苇摇摇头，拒绝了小燕子。她对自己的家有着深深的眷念，决不会离家出走。

“原来你一直在玩弄我呀，”小燕子大叫起来，“我到金字塔那边去了，再会！”他飞走了。飞了一整天，傍晚时分，小燕子来到一座城市里。

“我到哪儿去投宿呢？城里要是有给我预备妥当的地方该多好呀！”他迷茫起来，随后看见高柱上的雕像。

“就住在这儿吧，这地方空气新鲜，我很喜欢。”他心想，于是便在幸福王子的脚边栖息下来。

“我有一间金子筑成的卧室了。”小燕子向四周望去，轻轻地自言自语，准备睡觉，只是他刚把头藏在柔软的翅膀下，就有一滴“水”落在他身上。

“咦？”他叫了起来，“天上又没有乌云，星儿也眨着眼睛，怎么会下雨呢？欧洲的天气真是古怪，我记得芦苇也特别喜欢雨滴，但我想那只是她的自私罢了。”

这时又有一滴“水”落在他身上。

他郁闷地说：“若不能遮雨，这雕像还有什么用呢？我还是去找一个烟囱吧！”他决心飞走了。

只是还没展开翅膀，又落下第三滴“水”来。他抬头望去——呀，吓了一跳！只见雕像的眼睛里噙满泪水，一滴滴晶莹剔透的泪珠，顺着金色的面颊滑落而下。月光照耀在雕像的脸上，是多么的美丽呀！小燕子心里泛起波澜，一股莫名的同情之心油然而生。

“你是谁呀？”小燕子问。

“我是幸福王子。”雕像回答道。

“你为什么哭呀？你把我身子都打湿了。”小燕子说。

幸福王子道：“以前我还活着的时候，有着一颗人类的心，那时我根本不知道什么是眼泪。我住在无忧宫里，无忧宫从来没有忧愁、哀伤与烦恼。白天我与同伴在花园里玩乐，晚间我们便在大厅里跳舞。花园四周是高高的围墙，我从没有好奇过外面的世界。我身边的一切就是美丽的化身，我的臣子叫我幸福王子。如果快乐就是幸福，那么我的确是幸福的。我就这样快乐地生活直到死亡。如今我死了，他们把我竖立在这高高的圆柱上，让我看见城里的一切丑恶与肮脏，虽然我的心是铅做的，但我还是忍不住流下泪来。”

“怎么，他不是纯金的?”小燕子暗自心想。他很有礼貌，没有去询问对方的秘密。

幸福王子又用音乐般委婉的声音说：“很远很远的那条小街上，有一户穷人，他们家的窗子被冷风吹开了，我看见一位沧桑的妇人，坐在破旧的木桌边，面黄肌瘦。她是缝衣服的裁缝，一双生满老茧的手全被针刺破，正在为一件华丽的衣服绣着娇艳的花朵。那件衣服是为女王身边最美的女官缝制的，她要在皇家的舞会上大放异彩。妇人的小孩生病了，睡在屋角的那张小床上，全身发热，想吃甘甜可口的橘子。但他母亲除了给他喝不干净的河水，穷得什么也没有，那孩子正在大声地哭泣。燕子，燕子，小燕子！我的脚钉死在这圆柱之上，一步也不能挪动，你可以把我刀柄上的那颗红玉拿去给她吗?”

小燕子说：“我的朋友都在美丽的尼罗河上，与大朵的莲花聊着知心话儿，不久还要去国王的坟墓里投宿。那国王静静地沉睡在彩色的棺材里，身上裹着黄布，遍身涂着香料，颈上挂着淡绿色的玉珠，干瘪的双手犹如两片枯黄的树叶。他们都在埃及等我，我必须去和他们会合。”

“燕子，燕子，小燕子!”幸福王子说，“你不能在这儿住一晚，替我当回使者吗？那孩子如此饥渴，他母亲多么难过啊！”

“我不喜欢小孩子，”小燕子道，“去年夏天我在河边歇息，磨坊老板两个撒野的小孩，经常丢石子打我。我飞得极快，然后逃走了。我祖上的人都非常善于飞翔，但用石子打我总是一种无礼的行为呀！”

幸福王子的神情露出悲伤，小燕子也很难过，他转而心软：“这里虽然很冷，但我还是同你住一晚，当一回你的使者吧！”

王子说：“谢谢你，小燕子！”

小燕子把王子刀柄上的那颗大红玉取下来，用嘴衔着从屋顶上飞去。他经过教堂尖塔，只见白色大理石雕刻而成的天使亭亭玉立。他又飞过王宫，跳舞的乐声弥漫而来。

一个美丽少女挽着她的情郎来到露台上，男子对少女说：“夜空的星星多可爱呀，爱情的诱惑实在让人难以抗拒！”

少女答道：“我希望在舞会时衣服就已经做好，我已经叫人绣上艳丽的花朵，但是那些裁缝都是懒虫，不见得能按时完工。”

他又从河上飞过，见到船桅的尖端挂着很多灯笼。穿过犹太街，见到一些老犹太人在那儿做买卖，用铜制的天平秤着银两。最后到了穷人家里，他朝里面望去，那孩子在床头翻来覆去，可怜地呻吟着。母亲由于过度疲倦，早已昏昏睡去。他从窗口跳进屋内，把大红玉放在桌上那妇人的顶针旁边，又绕着床头飞舞，用翅膀扇着孩子发烧的额头。

“好凉快呀，我一定快好起来了！”那孩子恍惚地说，沉入甜蜜的梦乡。

小燕子飞回幸福王子那儿，告诉他自己当使者的经过。“真奇怪，虽然天气很冷，可我这时候却觉得特别温暖。”他如此感慨道。

“当然，”幸福王子说，“这是因为你做了一件好事。”

小燕子开始思索起来，随即睡着了。

天亮后，他飞到河里洗澡，一位动物学教授从桥上路过，看见他后相当惊奇：“真是怪事啊，冬天竟然还有燕子！”他把这事写成一封长信，寄给了本地报社。

“今晚我要到埃及去了。”小燕子心想，他非常渴望完成自己的梦想。于是他游览了许多公共纪念碑，还在教堂尖塔上坐了许久，准备晚上告别幸福王子。无论他到什么地方，都有一只麻雀叽叽地叫着：“多么出众的客人呀！”小燕子玩得非常愉快。

月儿悄悄爬上天空，他飞回幸福王子身边说：“你在埃及有什么事需要我代办的吗？我就要起程了。”

“燕子，燕子，小燕子！”幸福王子说，“你不能再同我住一晚吗？”

小燕子回答：“埃及有人等着我呢，明天我的朋友就要飞往第二瀑布，那里非常美丽。肥壮的河马睡在芦苇丛中。威武的门农神①坐在花岗石宝座上，整夜守望星辰，每当晨星出来，就会愉快地欢声鸣叫，然后再也不做声。正午时分，黄色的狮子也会跑到河边饮水，他们的眼睛犹如绿玉，吼声像瀑布一般响亮。”

“燕子，燕子，小燕子！”幸福王子说，“城市的那头有一个年轻人，他靠在一张铺满稿纸的桌上，桌上放着花瓶，花瓶里插着一束枯萎的紫罗兰。他的头发泛黄像波纹，生着一双梦幻似的大眼睛，嘴唇犹如石榴一样红。他正准备为戏院导演完成一部戏剧，但是天气太冷了，火炉里没有火，人又饿得憔悴不堪，他什么也写不了。”

确实生就一副好心肠的燕子说：“那我再同你住一晚吧，要我也送他一块红玉去吗？”

“唉，可惜我没有红玉了！”幸福王子说，“我只剩下

① 门农神：古埃及神像，相传日出时能发出和竖琴一样的声音。

一双青玉制成的眼睛，那是一千年前从印度那儿采来的，你挖一颗送给他吧。他可以卖给珠宝商换来食物与木炭，完成他的剧本。”

“亲爱的王子，这事我不能做。”小燕子说道，之后他就哭了起来。

“燕子，燕子，小燕子，”幸福王子说，“你就照我说的做吧！”

因此小燕子挖出幸福王子的一颗眼珠，往青年的住所处飞去。那房子的屋顶有一个破洞，他从这儿钻进屋里。

年轻人趴在桌子上，没有听见小鸟进来的声音，当他抬起头时，漂亮的青玉已经放在枯萎的紫罗兰花束上。他惊叫起来：“才华终究不会被埋没，金子总有闪亮的一天，这必定是哪个赏识我的人送来的，现在终于可以完成我的戏剧了。”脸上露出兴奋的色彩。

第二天，小燕子飞到码头边，坐在一艘大船的桅杆上，只见船夫用绳子把柜子拖出船舱，每拖出一个，他们就同呼：“哼唷！哼唷！”

“我真的要到埃及去了。”小燕子这样想着，但没有谁关心他，当月亮再次爬上树梢，他飞回幸福王子那儿。

“我来同你道别了。”小燕子道。

“燕子，燕子，小燕子！”幸福王子说，“你不能再同我住一晚吗?”

“冬天已经来临，这儿马上就要下雪了，”小燕子答道，“不过埃及却依旧温暖如春，太阳照在绿油油的棕榈树上，鳄鱼在淤泥里懒洋洋地看着四周。我的同伴正在太阳神庙里筑巢，淡红、雪白的鸽子望着他们，互相咕咕咕地叫着。亲爱的王子，我一定要离开你了，我永远不会忘记你，明年的春天我会给你带两颗漂亮的美玉，补偿你送给别人的损失，那玉比玫瑰还要红，比大海还要青。”

幸福王子说：“下面那条街上站着一位卖火柴的小姑娘，她不小心把火柴丢到水里打湿了。如果没有钱拿回家，她父亲就会狠狠地用鞭子抽她。她没有鞋袜穿，小小的脑袋连一顶遮风挡雨的帽子也没有。你把我那只眼睛也挖去给她，这样她父亲就不会再抽她了。”小燕子说：“我可以再同你住一晚，但我不能再挖你的眼睛，否则你不是完全瞎了吗?”

“燕子，燕子，小燕子!”幸福王子说，“你就照我的吩咐去做吧!”

于是小燕子流着眼泪挖掉幸福王子的另一只眼睛，飞了出去。他从卖火柴的小姑娘身边掠过，轻轻地把宝玉放在她手心，那小姑娘叫着：“多美的一块玻璃呀!”一路笑着往家里跑去。

小燕子飞回幸福王子身边，说：“你现在完全瞎了，我要永远同你住在一起。”

可怜的幸福王子说：“不，小燕子呀，你还是得赶紧去埃及。”

“我要永远同你住在一起。”小燕子说着，就在王子脚下睡着了。

第二天，他整日坐在幸福王子的肩上，给他讲述异乡的所见所闻：譬如那赤色的仙鹤，成群列队地站在尼罗河畔，用细长的嘴捕捉金鱼；譬如那狮首人身的怪物，住在沙漠里，既知万事，寿命亦悠久如同天地；譬如那经营买卖的人，慢慢地跟在骆驼身边，手里拿着琥珀珠；譬如那月山之王，黑如沉檀，崇拜大水晶；譬如那睡在棕榈树干里的大绿蛇，二十个和尚喂它蜜糕；还有那小人国的矮人，能在大湖中漂游，坐在平坦的大树叶上，同蝴蝶发生争斗。

“亲爱的小燕子呀，”幸福王子说，“这都是奇闻逸事，人世间的苦难才最是让人惊心动魄，没有什么比贫穷更不可思议的了。你去城里转一圈，再告诉我发现些什么吧！”

于是小燕子飞去城市上空，看见富人在华丽的房屋中吃喝玩乐，而乞丐却坐在门外忍受饥寒。他飞进黑巷里，看见孩子苍白如纸的面颊，因为饥饿而模糊扭曲。还有肮脏的桥洞下面，两个孩子睡在那儿，颤抖着抱成一团，想要温暖彼此。

“好饿呀！”他们嘶哑着说。

这时城市的管理者来了，对他们吼道：“你们不能睡这儿！”于是他们又彷徨在寒冷的街道中。

小燕子回去，把看见的一切对幸福王子说了。

幸福王子道：“我身上贴满着金叶，你一张张撕下来，把它拿去送给穷人吧，世上的人都以为钱最能使他们幸福。”

小燕子把金叶一张张撕下来，最后幸福王子变成一个灰暗难看的人。小燕子把金叶一张张送给穷人，孩子的脸变得更加红润，笑着闹着在街上玩耍。他们叫着：“我们现在有面包了！”

冷风呼啸，雪花漫天，寒冷的冬天终于到来了。天地间白雪皑皑，银装素裹，地上结着厚厚的冰，街道犹如蜡烛做成的一样。长长的冰条就像水晶刀，挂在屋檐上。人们穿着厚厚的皮衣，孩子们戴着大红帽在冰上滑行。

可怜的小燕子不能离开幸福王子，他爱对方胜过自己的生命。由于没有了食物，只能趁烘面包的人不留心，在门外捡一些面包屑充饥，然后不住地拍打翅膀取暖。后来他知道自己马上就要死亡了，仅仅只有一次飞到幸福王子肩上的气力。

“再会了，亲爱的王子！”他低声地对幸福王子说，“你能让我吻吻你的手吗？”

“你终于要去埃及了吗？ 我真高兴，你在这儿住得太久了。”幸福王子道，“你吻我的嘴唇吧，因为我爱你呀！”

小燕子说：“我不是去埃及，而是奔向‘死亡’，死是睡的兄弟，不是吗?”小燕子吻了幸福王子的嘴唇，随即倒在他的脚下停止了呼吸。

这时候雕像里面发出怪怪的声响，似乎有什么东西碎裂似的，原来是幸福王子那颗铅做的心碎裂成了两半，这真是一场可怕的寒冻啊！

第二天早晨，市参议员陪同市长在街上散步，他们抬头望向雕像，“哎呀，幸福王子怎么变成了这样子，多狼狈啊！”市长说。

“的确狼狈！”市参议员也这样叫着，他素来喜欢拍市长马屁。 说完他们又靠近了些。

市长说：“刀柄上的红玉丢了，眼睛也被人挖走了，身上的金叶子也不见踪影了，如今他真是比乞丐还不如啊！”

“的确比乞丐还不如。”市参议员同样附和。

市长接着说：“瞧，他脚边还有一只死燕子呢！我们得发出公告，以后不允许鸟儿死在这里。”市参议员连忙用笔记录下来，随后他们把幸福王子的雕像推倒。

大学里的艺术教授说："他已经没有了美丽的容颜，再也没有任何用处了。"

他们把雕像熔进炉里，市长又召开会议，讨论如何处置这些废弃的金属。他说："我们应该再建立一座铜像，而且这铜像应该是我的样子。"

"应该是我的！"其他市参议员说，为此他们争执起来。

"真是怪事啊，"铸造厂的监工说，"这破碎的铅心竟不能熔化，我们把它丢了吧！"便把那颗铅心丢在不远的垃圾堆里，正好死去的小燕子也躺在那儿。

上帝对一个天使说："把城里两样最宝贵的东西给我拿来！"

天使便把铅心和死去的小燕子送到上帝面前。

"你们选得很对，"上帝说，"从此以后这只小燕子可以永远在我的乐园里唱歌，幸福王子可以永远在我的黄金城里赞美我。"

忠实的朋友

早晨，老水鼠从洞里伸出头来，小小的眼睛，长长的胡须，尾巴犹如一条黑色橡胶。小鸭子正在池子里游泳，看上去就像漂亮的金丝雀，他们的母亲全身披着雪白的羽毛，生着一双红脚丫，正在教他们如何头朝下地倒立在水中。

“如果你们不善于倒立，就无法进入上等社会。”她谆谆告诫，每说一次，然后就身体力行地演示给小鸭子们看。那些小鸭子根本不用心，他们年纪太轻了，还不知道生活在上等社会的益处。

“多顽皮的孩子，他们真该淹死才好。”老水鼠皱眉。

母鸭答道：“不能这样说呀，耐心是一个母亲最基本的美德，初学者都是这样。”

“唉!”老水鼠说，“我是没有成家的人，也永远不想结婚，还不懂做母亲的心理。爱情本是很美好的事物，但友谊更值得让人忠诚，我实在不知道还有什么比忠实的友谊更宝贵的东西。”

“那么请问，你觉得一个忠实的朋友，应该尽什么样的义务才算合格呢?”一只绿色梅花雀，坐在旁边的杨柳枝上，听见这段对话后问道。

“的确，我也想知道呢!”母鸭说着，便游到池边，在水中倒立着，给她的孩子做示范。

“这个问题太无聊了，”老水鼠说，“忠实的朋友就是要对朋友忠实，当然就是这样呀!”

一只小水鸟在银色的波纹上游着，她拍打着翅儿，问道：“那么你又怎么报答他呢?”

老水鼠回答：“我不懂你的话是什么意思。”

梅花雀说：“让我讲个这类的故事给你们听吧!”

老水鼠问：“是关于我的吗?如果这样，我倒要听听，我极喜欢听故事。”

“于你是有关系的。”梅花雀说着，就飞了下来，歇在岸边，开始讲这个忠实朋友的故事。

梅花雀说：“从前，有个诚实的小家伙，名叫汉斯。”

老水鼠问：“他这个人很出众吗?”

“不，”梅花雀说道，“他不出众，只是心肠很好，那圆脸儿怪有趣的。他住在一间草屋里，每天都在花园里工作，整个乡村周围，再也找不到一座如此可爱的花园。

五彩缤纷的小花争相斗艳，有紫罗兰花、荠花、黄玫瑰、法国松雪草、紫色番红花、白色紫罗兰，有薄荷、野香草、樱草、鸢尾、水仙、桃色丁香等，这边谢了，那边盛开，不断地有鲜花在园中绽放，一年四季都能闻到沁人心脾的香味。

“汉斯有许多朋友，最要好的忠实朋友，是磨坊的老板。那磨坊老板对汉斯很忠实，每当从花园经过，都会从园子的围墙爬进去，摘一大把鲜花，或是一把甜草；要是遇到结果时期，还会装一袋梅子和樱桃带回家去。磨坊老板常常这样说：‘真正的朋友应该共同分享一切。’汉斯点头微笑，觉得有一个思想如此高尚的朋友是一件非常骄傲的事情。

“有时邻居也觉得很奇怪，如此富有的磨坊老板，家藏面粉数百袋，乳牛六头，还有一大群绵羊，也不送给汉斯一点，反而汉斯不时拿些东西来，听着磨坊老板高谈阔论。他觉得再也没有其他事情比这更令自己高兴的了。汉斯总在花园里工作，春、夏、秋三季都很快乐，只是一到冬天，没有花果拿到市上去卖，他就要受冻挨饿了，有时只吃点干梨或硬栗子就去睡觉。下雪之后，他还要忍受孤单与寂寞，因为这时候磨坊老板再也不来看他。

“磨坊老板常常对妻子说：‘冬天我去看汉斯是没有好

处的，因为人在遇到困难的时候需要安静，这是我对友谊的见解。我觉得这是正确的，所以，等到明年春天时我再去看他，到时他送给我一大篮莲馨花，可以让他非常快乐。我现在去，他没有什么东西拿出来招待我。’

“他的妻子坐在火炉旁的大椅上，答道：‘你真替别人想得周到啊！听你谈友谊的真谛，有种让人茅塞顿开的感觉，我敢说牧师也没有你这样的观点，虽然他住的是三层洋房，小指上还带着金戒指。’

“‘可是，我们为什么不叫汉斯到这儿来过冬呢？’磨坊老板的小儿子突然插嘴说，‘如果可怜的汉斯很穷苦，我可以把粥分给他一半，还可以领他一起看我养的小白兔。’

“磨坊老板叫了起来：‘你真是个无聊的孩子，我不懂把你送进学校去有什么用，似乎什么知识也没学到。假如汉斯到这儿来，看见我们有火炉、好的食物以及大瓶的红酒，肯定会引起他的嫉妒之心。嫉妒是很可怕的东西，它能毁灭人的天性，我决不能让汉斯受到这种不良习性的污染。我是他最要好的朋友，理应时常看管他，使他不受任何诱惑。况且若他来到这儿，一定会跟我赊借面粉，这是我所不允许的。面粉是一件事，友谊又是另一件事，决不能混淆在一起。你看，“面粉”与“友谊”两个词的写法完全不一样，意思更不相同，这是人人都知道的事情。’

“他的妻子听了，自斟一大杯热酒说：‘你说得多好呀，真像在教堂里听经一样！’

“磨坊老板说：‘会做事的人非常多，可会说话的人却少得可怜，足见说话是两者之中最困难的，也是最重要的。’说完就很严肃地看着桌子那方的小儿子。小儿子觉得非常惭愧，低垂着头，满脸绯红，望着茶杯哭泣起来。”

老水鼠问：“故事就这样结束了吗？”

梅花雀说：“当然不是，这只是开头哩！”

“那你真是太落伍了，”老水鼠说，“如今善于说故事的人，多从结局开始，然后再说开场，最后才说中间部分。这种新的讲故事手法，是我从一位批评家口中听来的。那天他正同一位青年在河边散步，说的内容很长，我敢断定他说的是对的。他戴着一副蓝色眼镜，秃顶亮光光，只要那青年说句什么，他总是‘呸’的一声作为回答。请把故事继续说下去吧，我非常热爱这个磨坊老板，我和他有种异常的共鸣。”

“好的。”梅花雀说。他时而用这只脚跳着，时而又用那只脚跳着。“冬天过去之后，漂亮的莲馨花会再次绽放，到时磨坊老板就对他的妻子说，要下山去看汉斯。他的妻子道：‘唉，你的心肠真好呀，总是经常挂念别人，只是别忘记带个大点篮子去装花哟！’磨坊老板就用粗铁链把风车轮子固定，带着篮子走下山去。

“磨坊老板说：‘早上好呀，汉斯！’

“汉斯靠在铁铲柄上，满脸笑容地说：‘早上好！’

“磨坊老板说：‘这个冬天过得还好吗？’

“汉斯叫着：‘唉，你这话问得真是好呀，实在是太关心我了！那时我的确遇到一些困难，不过现在春天来了，一切阴影都已成为过去，我现在非常幸福，花儿都长得很好。’

“磨坊老板说：‘冬天我们常谈到你，不知你过着怎样的日子。’

“汉斯说：‘你们真是太好了，我还怕你们都把我忘了呢！’

“磨坊老板说：‘汉斯，你这样说就令我生气了，友谊是不会被人遗忘的，它只会被人铭记于心，只是你可能不懂生活的诗意。啊，这些莲馨花真好看！’

“汉斯说：‘的确很不错，这是因为我的运气好，花儿才开得如此灿烂。我准备把它带到市场上卖给市长的女儿，用那笔钱把我的小车赎回来。’

“‘赎回你的小车？如此说来你已经把它卖掉了，你怎么会干这种事，多么愚蠢啊！’

“‘唉！’汉斯说，‘事实上我也是迫不得已才卖掉的，你知道，每年冬天都是我最艰难的时期，穷得连买面包的钱都没有。我先是卖掉了礼拜日穿的那件衣服上的银纽扣，接着银链子、大烟斗，最后才把小车也卖了，但是我现在准备把它们全部买回来。’

“磨坊老板说：‘汉斯，我把我的小车送给你吧！它虽然有一边是坏了的，已经破旧不堪，车轮也有些毛病，不过即使这样，我还是决定送给你。我知道这样做非常慷慨，甚至许多人认为很愚蠢，但我才不愿和别人一般庸俗，慷慨是友谊最神圣的要素，况且我已买了一辆新小车。你放心，我把这辆旧车全部送给你就是。’

“汉斯说：‘啊，你真是太大方了！我屋里刚好有一块木板，不用费什么事就可以把它修好。’他圆圆的脸颊充满了兴奋的喜气。

“‘一块木板？’磨坊老板说，‘我正想弄一块来修理我的仓库呢，那间仓库出现了一个破洞，如果不把它修好，里面储存的面粉在下雨的时候就会被淋湿。幸亏你说出来，果真是好心必有好报啊！我既然把小车送你，你也把这块木板给我吧！小车当然比木板值钱，但是真正的友谊是不在乎这些的。你现在拿出来，我想马上就去修理仓库。’

“‘好的！’汉斯高兴地叫着，跑到屋棚里把木板拖了出来。

“磨坊老板看着木板说：‘这块木板不大，我怕仓房修好之后就没有多余的修小车了，但这当然不是我的错。还有，我把小车给你，想你应该也愿意转送我一些花儿，篮子就在这里，记着要装得满满的。’

“‘满满的吗?’汉斯愁苦地犹豫着，那篮子实在太大，如果把它装满就没有拿去卖的了，他很想把那银纽扣买回来。

“磨坊老板接口说：‘是啊，我既然把小车白送给你，向你要一些花儿，应该不算很过分吧！当然，我或许也不对，但我总想着我们的友谊，真正的友谊不含任何自私性的目的。’

“汉斯叫了起来：‘我亲爱的朋友，伟大的朋友，花园里的花，你想要什么就摘什么吧！银纽扣我可以改日再买，只要你不怀疑我对你的友谊。’说完就跑去把所有的莲馨花摘了，装满磨坊老板的篮子。

“‘再会吧，汉斯!’磨坊老板扛着木板，提着大篮子，往山上走去。

“‘再会吧!’汉斯欢欢喜喜地掘着地，他又有了小车，兴奋得如同久旱逢甘霖的小草。

“第二天，汉斯正在把金盏花藤牵上高高的木架，却听见街头不远处传来磨坊老板叫他的声音。他一步从梯子上跳下来，爬到花园的墙头，只见磨坊老板背上扛着一大袋面粉向他走来。

“磨坊老板说：‘亲爱的汉斯，你可以替我把这袋面粉扛到市上去卖掉吗?’

“汉斯说：‘抱歉，我今天实在很忙，要把蔓藤一起上架，还要浇花、施肥与锄草，没有时间呀!’

“磨坊老板说：‘好，你说得不错，如果你细想我连小车都送给了你，你还会拒绝这点小事吗? 你真是太不够朋友了。’

“汉斯立马叫了起来：‘别说这样的话，我是不会对朋友忘恩负义的!’立刻跑进屋子里拿来草帽，扛着面粉袋，慢慢地朝街市上走去。

“那天天气很热，路上飞沙漫天，汉斯没走多远就迈不动脚了，但以他的勇敢与毅力，坐下来歇息片刻后，最终还是到达目的地。他在市场等了一会儿，面粉便卖出很好的价钱，然后立刻赶回家来，生怕时间太晚，路上遇着盗匪。

“晚上，汉斯临睡时对自己说：‘今天真是太辛苦了，但我依旧很高兴，没有辜负磨坊老板的嘱托。他是我最好的朋友，何况还要把小车送给我，呵呵!’

“第二天，太阳刚从地平线升起，磨坊老板就来拿卖面粉的钱，汉斯因为昨天的疲劳，还躺在床上没有起来。磨坊老板说：‘你太懒了，如果要想我把小车给你，就应该勤快一点，懒惰是一种大罪，我当然不希望我的朋友犯这样的罪。我这样教训你，你不必放在心上，如果我不是你的朋友，做梦也不会对你说这些话。但若不说真心话，又算什么好朋友呢？人人都会说好话，讨人家的喜欢，但作为真正的朋友，反而说的都是难听的。朋友决不会顾忌你的感受而天天拍马逢迎，如果他是真正的好朋友，必定这样直言不讳，因为他知道这样做完全是为了你好。’

“汉斯揉揉眼睛，脱下睡帽说：‘你教训得对，但我实在疲倦不堪，我想多在床上躺一会儿，听听小鸟的叫声。你知道每当听完小鸟唱歌之后，我有多精神吗？’

“磨坊老板拍着汉斯的背说：‘好，这样很好，我要你快些到磨坊来帮我修理仓库，越快越好！’

“可怜的汉斯本来想去自己的花园做点事，他的花儿已经两天没浇水了，但磨坊老板既然是他的好朋友，怎么也不愿意拒绝对方。他害羞似的轻声问道：‘如果我说我很忙，你会不会觉得我不够朋友？’

“磨坊老板答说：‘嗯，是的！我想我的要求并不过分，我还要送你小车呢！不过如果你实在不愿意，我就自己去动手算了。’

“‘啊，这样怎么可以！’汉斯跳下床来，穿好衣服，径直到磨坊老板的仓房那儿去了。他在那儿做了一天苦工，一直到太阳落山。傍晚时分，磨坊老板来看仓库修理的进展情况，他用一种欣喜的声音叫道：‘汉斯，你把楼顶上的洞补好了吗？’

“‘完全补好了。’汉斯走下楼梯来。

“磨坊老板说：‘再也没有什么工作，比帮人家做事更令人高兴吧？’

“汉斯说：‘听你谈话真是一种莫大的荣耀，我想我永远都不会有你这种精辟的见解。’

“磨坊老板说：‘你一定会有的，只是还应该多吃些苦罢了，如今你正在对友谊进行实习，不久你也就会有友谊的理论。’

“汉斯问：‘真的吗？’

“磨坊老板答道：‘当然，不过现在屋顶已经修好，你就早点回去睡觉吧，因为我明天还要请你帮我把羊赶到山里去。’

“可怜的汉斯什么也不敢说，第二天早晨，磨坊老板把羊赶出来，汉斯就同羊一齐去到深山里，往返又花掉他一天的工夫，回到家疲倦极了，倒在床上呼呼睡去，直到次日接近中午才醒。

“‘每当看到我的花园，我就高兴极了！’他微笑着，立刻就去干活。但从此之后，他依旧不能时常看管花木，因为磨坊老板总是来找他做许多极费时间的事情，不然就叫他到磨坊里去帮忙。汉斯苦恼极了，生怕那些花木以为自己忘了他们。他拿磨坊老板是自己的好朋友来安慰自己，常常说：‘作为好朋友，他要把小车送给我，这完全是一种豪爽的行为，我不应该有任何不满！’因此汉斯就不停地帮磨坊老板做事，磨坊老板也讲了各种关于友谊的漂亮话，汉斯还把这些话用笔记下来，每晚拿出来读，他是个非常好学的人。

“一天傍晚，汉斯正坐在火炉边上，忽然传来一阵很急促的敲门声。那天夜里天气很糟糕，大风在户外狂吹怒吼，起初他还以为仅仅只是风声，但不多时又响起第二次、第三次，一次比一次敲得响。

“‘肯定是可怜的过路客。’汉斯对自己说，跑到门口去看。原来站在那儿的是磨坊老板，一只手提着一盏灯，另一只手拿着一根粗木棍。

“磨坊老板叫道：‘亲爱的汉斯，我真倒霉，小儿子从梯子上跌下来，摔伤了，我要去请医生。但是医生住得很远，今晚天气又坏，刚才想到若你替我跑一趟，比自己去好一些。你知道，我要把小车送给你，所以你应当报答我，为我做一点力所能及的事。’

“汉斯叫着：‘当然啦，我非常喜欢你来找我，我立刻就去好了。但是你得把灯借给我，今晚这样黑，我担心跌到沟里去了！’

“磨坊老板说：‘很抱歉，这是我最近才买的新灯，如果有什么意外，那将是我很大的损失。’

“‘好的，没有关系，我不用灯也行！’汉斯这样说。他把皮大衣穿上，戴好红色的暖帽，还在脖子上扎一条围巾，就立刻动身去请医生了。那是多么可怕的风暴啊！路上黑得汉斯什么也看不见，风大得连站立都很艰难，但是他很勇敢，大约三个钟头的工夫就到了医生家里，连忙敲门。

“医生叫道：‘是谁呀？’把头从卧室的窗口伸了出来。

“‘医生呀，我是汉斯！’

“‘汉斯，你有什么事？’

“‘磨坊老板的儿子从梯子上跌下来摔伤了，他请你过去治伤。’

“‘好吧！’医生说着，穿上大皮靴，点灯走下楼来，然后骑马往磨坊那儿赶去，汉斯慢慢地在后面跟着。

“暴风肆虐，大雨倾盆直下，天气越来越恶劣，汉斯简直看不见眼前的道路，更是跟不上前面医生骑的马。最后，他迷路了，来到一片沼泽湖边。那地方非常危险，四处都是深穴，汉斯不小心落下去，淹死在那儿了。

“第二天，有几个牧羊人发现他的死尸漂浮在湖面上，就把他抬回了草屋。

“乡亲们都很喜欢汉斯，人人都来参加他的葬礼，而磨坊老板则是最主要的哀悼人。磨坊老板说：‘我是他最好的朋友，所以我应当占据最好的地位。’他穿着一件黑长衫，走在送葬人的最前面，时时都用手巾擦着眼睛。

“葬礼完毕，众人安坐在栈房里，一面喝香酒，一面吃甜糕，其中有一个铁匠说：‘汉斯的死，对于我们来说是莫大的损失。’

“磨坊老板说：‘无论如何，于我的损失最大。唉！当初要把小车给他多好，现在我真不知拿它如何处置了。我家里东西多着呢，这车子破得不像样，拿去卖也值不了什么钱，看来以后应该小心一些，别再送给人家东西，豪爽总是让人倒霉。’”

故事讲完之后，隔了好一会儿，老水鼠才不可思议地问：“怎么，就完了?”

梅花雀说：“是啊，完了！”

老水鼠问：“磨坊老板后来有什么下场呢?”

“这个，我不知道，”梅花雀说，“我不太愿意关注这些事。”

老水鼠说：“这是因为你天性缺少同情心。”

梅花雀说："我怕你还没有明白这故事的教训呢！"

老水鼠叫道："你说什么，教训？"

"教训！"

"你的意思是说，这故事有什么教训吗？"

"当然呀！"

"好吧！"老水鼠怒道，"我想你应该在说故事之前先告诉我这样，如果你早告诉我，我一定不会听你的。说真的，我应该像某些批评家一样说声'呸'，不过现在说也一样。"于是他'呸'地大叫一声，摇摇尾巴，钻进洞里去了。

母鸭几分钟后游了过来，问道："你喜欢这只老水鼠吗？他有许多优点，不过我以做母亲的心理，看着这样一个顽固的单身汉，实在是有些悲伤，忍不住要流下眼泪。"

梅花雀答说："我恐怕得罪他了吧，因为我同他讲了一个含有教训的故事。"

母鸭说："呀，这的确是很危险的事！"

我完全赞同她的话。

驰名的火箭

王子准备结婚了，人人都露出欢欣的神情，他已经等待新娘一年的时间，如今终于得偿所愿。

新娘是一位俄国公主，坐着六只驯鹿拉的雪车，从芬兰一路而来。那雪车的形状犹如白天鹅，公主坐在天鹅的翅膀之间，身穿长长的貂皮衣，头上戴着一顶银丝织物的小绒帽，脸色苍白得就像她历来所住的雪宫一样。当车从街上经过，人们都对她的肤色感到非常惊奇。

“她真像一朵白玫瑰！”人们这样叫着，然后就从露台上抛些花朵撒在她身上。

正在城门口迎接她的王子生着一双梦幻似的紫色眼睛，头发犹如纯金一般。他见公主到来，单膝跪在地上，吻着她的手。他喃喃说道：“你的画像美极了，但本人比画像更漂亮。”说完，小公主的面颊一片绯红。

一个小仆人对他身边的人说：“公主先前像一朵白玫

瑰，现在却像一朵红玫瑰了。”宫廷里的人听到这句话，个个都十分欢喜。

后来三天里，几乎人人都在说着：“白玫瑰，红玫瑰，红玫瑰，白玫瑰。”于是国王下令给那个小仆人加双倍薪俸，只是小仆人以前根本没有薪俸，奖励依旧对他来说一无所有。但人人都认为这是极大的光荣，照例登在“公报”上面加以颂扬。

三天过后，婚礼正式开始。

这是一场盛大的典礼，新娘、新郎手挽着手，在绣着小明珠的紫绒华盖下走着，大宴欢饮至五小时之久。王子和公主坐在大厅的首位，用漂亮的水晶杯子对饮。只有真正相爱的人才能用这种水晶杯子喝酒，若是虚假的爱人，嘴唇一触碰到它，它就会立刻变成灰色，永远失去清亮的光彩。

小仆人说：“他俩确实非常相爱，犹如水晶一样分明!”国王又给他加双倍薪俸，臣仆们无不叫着：“多光荣呀!”

欢宴过后，接着是舞会，新娘、新郎一起跳玫瑰舞，国王亲自吹笛子助兴。他吹得很难听，但没有谁敢说他吹得难听，因为他是国王。的确，他只知道两个乐谱，这时吹的那一曲，最是让人莫名其妙。但没关系，只要是他吹的，人人都叫着：“妙呀！妙呀!”

节目单上最后的活动是放烟火，要到半夜时分才举行。小公主从来没有看过烟火，所以国王命烟火师在今晚专门为她举行这个节目。

早晨，小公主正在庭园中散步，向王子问道：“烟火是什么样儿呀?”

国王向来喜欢替别人答话，当下插嘴说：“烟火就像北极光那样，只是更自然一些，我拿它们比天上的星儿，有机会你欣赏一下就知道了，犹如我吹的笛子一样美妙，你到时一定要看看不可!”因此在御花园后面，早早就竖起一个高架，皇家烟火师刚把一切安排好，烟火们就谈起话来了。

一个小鞭炮叫着：“世界真的很美丽呀，看看这些郁金香，嘿嘿!如果他们也变成真的爆竹，就不会这样可爱了。我很高兴能够经常去旅行，旅行能使人思想进步，并打消一个人的所有成见。”

一个大柳花烟火说：“你这傻小子，御花园才多大，世界大着呢，三天的时间都不一定能逛得完!”

“不论什么地方，只要你爱它，它便是你的世界。”一个伤感的旋转烟火说。她年轻时爱过一个旧杉木匣子，现在常常以失恋自许。她接着道：“不过如今爱已经不时髦了，诗人已经把它抹杀。他们不停地写着爱，泛滥成河，于是人们再也不相信爱了。我也不觉得惊异，真正的爱人多是痛苦的、沉默的，记得曾有一次——不过现在已没有说的必要，再浪漫的情史都会成为过去。”

“荒谬！”柳花烟火说，“浪漫是不会死的，它像月亮一样永恒存在，例如这对新婚夫妇，他俩就非常相亲相爱。今天早晨有个棕色纸做的火药筒，把他们的事情详细地对我说了，他刚好跟我同住一个抽屉里头，知道许多最近宫廷里的新闻。”

但是旋转烟火只是摇头。“浪漫早死了，浪漫早死了，浪漫早死了！”她喃喃地说着，以为把一件事重复许多遍，那件事就能成为真理似的。

突然间，一声干咳响起，大家赶紧转头四下张望——那是一个傲慢的高大火箭发出的声音，他的身子被捆在一根长棍上。他想要表达自己的意见，故意干咳几声，以便引起大家的注意。

“喂！喂！”火箭说，人人都竖起耳朵倾听，唯有那可怜的旋转烟火仍摇着头，继续喃喃道：“浪漫早已死了。”

有一个爆竹叫了起来：“秩序啊！秩序啊！”他是政客一类的人，常在各地方选举中活动，所以学会那套国会派的口气。

“早就死光了！”旋转烟火这样低语着，就睡觉去了。

正当完全沉寂无声的时候，火箭又响起第三声咳嗽，开始说起话来。他的声音慢条斯理，字音咬得十分清晰，似乎在背诵什么东西，一面说还不时地看看大家的表情。的确，他的举止非常出众。

他说："王子的运气真是太好了，婚礼竟然刚巧在我燃放的这天，若这都是预先安排好的，那他真是命运的宠儿啊！"

"啊，老天爷！"小鞭炮说，"我的想法完全不同，我觉得我们是托王子的福，才最终得以燃放呢！"

火箭道："在你或者是这样，我也不怀疑，只是在我则完全不同。我是个很驰名的火箭，祖上就很有名气。我母亲是当时最出色的旋转烟火，她的舞姿优美，在人前献技可以旋转九次才冲上天空，而且每旋转一次，就会在空中洒下七个紫色的星花。她的直径有三尺半，是用最上等的火药做的。我父亲是一个像我一样的火箭，出自尊贵的法国血统，他飞得高不可及，人们都怕他再也不会落下，但他天性善良，依然会洒下许多极漂亮的金雨。报纸上的评论用许多献媚的词句来记录他的表演，王宫里的'公报'还称赞他烟火术已达到大成的境界。"

"烟火，你是说烟火吧！"一个蓝色烟火说，"我知道是烟火，因为我看见自己的火药包上是这样写的。"

火箭用一种严肃的口气说："是的，我说烟火！"

蓝色烟火感到深受凌辱，于是马上去欺负旁边的小鞭炮，表示他仍不失为重要角色。

火箭继续说：“我在说，我说——我在说什么呀?”

柳花烟火说：“你在说你自己的事。”

“对，想起来了，我知道我正在讨论一个有趣味的话题，就让人很无礼地打岔了。我最恨无礼和鲁莽这一类的事，因为我很敏感。我敢说，世间再没有人比我更敏感了。”火箭气愤地道。

爆竹对柳花烟火说：“敏感的人是怎样的?”

柳花烟火低声回答：“是脚上生着鸡眼，喜欢踩别人脚趾的那种人。”爆竹忍不住大笑起来。

火箭问道：“喂！你笑什么？我都没有笑。”

爆竹说：“我笑，因为我高兴。”

“这理由太自私了，”火箭说，“你有什么权力高兴?你应该想着别人，至少，也得想着我。我就时常想着我自己，希望人家也对我这样，这便是所谓的同情，一种很好的品格，我做得十分完美。例如，若今晚我出了什么事情，对大家来说将是很不幸的，王子与公主也不会再快乐了，他们的婚姻生活也从此受到破坏。至于国王，我晓得他当然也受不了，真的，我只要想到自己是如何重要，就忍不住要潸然泪下。”

柳花烟火叫起来："如果你想给别人快乐，最好还是别哭，免得把自己的身子弄湿了。"

蓝色烟火这时心情好了，也大叫起来："的确，这是很简单的常识。"

"的确是常识，"火箭怒气冲冲地说，"可你忘了我是个卓尔不群、出类拔萃的人。无论是谁，只要是没有想象力的，就得有常识。可是我有想象力，因为我从不照着事物的真相去理解它们，我老是把它们当做完全不同的事物来想象。至于说不要流眼泪，很明显，这里没有一个人是能够欣赏多愁善感的，幸而我自己并不介意，只有想着任何人都比我差，靠着这个念头，一个人才能够活下去。我平日培养的就是这样一种感觉，你们全是没有心肠的。你们只顾着开玩笑，好像王子同公主刚才并没有结婚似的。"

"真是的！"一个发光的气球叫道，"为什么不这样呢？这正是最快活的时候呀！我飞上天去一定会告诉星儿，你看好，当我同他谈那漂亮的新娘时，星儿一定闪闪发亮！"

"啊，多浅薄的人生观！"火箭说，"但我早料到是这样的，你只不过空空一无所有罢了。你应该像这样想：或许王子和公主都去乡下住，或许那儿有一条深深的河，或许他们只生了一个儿子，像王子一样有着美发紫眼的儿子，或许哪天他同保姆出去散步，保姆跑到大树下睡觉，或许那孩子就落在河里淹死了，这该是多么的不幸啊！可怜人，连唯一的儿子都失去了，真是太可怕了，我肯定承受不住。”

柳花烟火说：“但是他们并没有把儿子失去呀，也并没有什么不幸。”

火箭说：“我并没有说他们有什么不幸，我只是猜测他们将来可能会出现不幸罢了，如果他们已经失去儿子，再说什么也没用。我最恨那些泼了牛奶再来哭的人，但是我每想到他们或许会失去唯一的儿子，就难过得无以复加。”

蓝色烟火叫道：“你的确是这样的，的确是，我从来没有见过像你这样容易感动的人。”

火箭说：“我从来没有见过像你这样鲁莽的人，你不明白我同王子的友谊。”

“得了，你根本不了解他。”柳花烟火叫了起来。

“我又没有说我了解他！”火箭道，“我敢说，如果我了解他，我就不会做他的朋友了。了解朋友，是一件非常危险的事。”

发光气球说：“你最好把自己的身子弄干燥一点吧，这是很重要的啊！”

“我相信，这件事于你倒是很要紧的，”火箭说，“但是，如果我喜欢哭，还是要哭的。”说完他就真的哭起来，泪水像雨点似的从身子上直流而下，几乎把两个小甲虫淋湿了。小甲虫正想找个干燥的地方，一起营造住宅。

“他有一种真正的浪漫精神，因为他可以在那儿毫无理由地乱哭。”旋转烟火说，她又叹口长气，想着那杉木匣子。但是柳花烟火和蓝色烟火却气极了：“笨蛋！笨蛋！”一齐用力叫着。他们素来是很实际的人，无论什么事情，只要他们不赞成的，他们都说是“笨蛋”。

安静的天空中月亮升了起来，活像一个银色的贝壳，星儿也趁机放出亮光。宫中传来一阵音乐声，王子与公主在人群中开始跳舞。他们优美的舞姿，就连高高的白色水仙花儿也忍不住在窗口偷瞧，红色的大罂粟花也在点头打着拍子。

十点，十一点，十二点，到了午夜，国王把烟火师叫到跟前。“放烟火吧！”国王命令道。

烟火师深深鞠了一躬，来到后花园。

他有六个手下，每人手里拿着一个长火把。

这的确是非常壮观的场面。

呼！呼！旋转烟火一路旋转着去了；砰！砰！柳花烟火也去了；跟着小鞭炮天女散花，四处飞舞开来；而蓝色烟火使一切都变成了蓝色；再会吧——发光气球叫着飞上了天，撒下许多红色的小花来；噼里啪啦——爆竹们搭着腔，正玩得起劲。除了驰名的火箭，人人都成功了。

火箭哭得一塌糊涂，全身湿透，再也飞不上天了。他全身最好的是火药，现在火药全被眼泪淋湿，一点用处也没有。那些他平日不屑跟他们说话的穷亲戚，现在也都飞上天空，犹如一片开着金花的火红玫瑰。

好呀！好呀！宫廷的人都这样叫着，小公主也高兴得笑个不停。

火箭暗自说："我想他们大概是想用我来压轴，等最热闹的时候请我出马，一定是这样的。"他因此更得意了。

第二天，工人来收拾园子，火箭说："这一定是个代表团，我要摆点架子才好。"他把鼻子故意翘起来，然后皱着眉头，仿佛在想什么了不得的大事。但是工人根本没有注意到他，直到离开时，才有一个人发现他。"原来是一根坏了的火箭！"顺手就把他掷过围墙，向臭水沟落去。

"坏火箭？坏火箭？"他自言自语道，"不可能！大火箭，他一定是说大火箭。'坏'和'大'的发音差不多，的确，有时简直一样！"说完就跌进了污泥里。

"这儿很不舒服，但无疑这是一套时髦的海滨别墅，他们是送我来休养的。"火箭心想道，"我的精神有些不好，需要休养一下才行。"

一只生着绿宝石般的眼睛，穿着绿斑衣的青蛙游到他面前。

“我看，这是一位新来的客人呢！”青蛙说，“任什么人也不会喜欢污泥的，下点雨，有个池塘给我，我就快乐了，你看下午会下雨吗？我当然希望它下，不过天这样青，一点云也没有，真糟透了！”

“啊哼！啊哼！”火箭刚想说，就咳嗽起来。

青蛙叫了起来：“你的声音真不错啊，就像蝈蝈的叫声，蝈蝈的声音是世间最好的音乐，晚间你可以来听我们的音乐演奏。我们住在农夫屋边那个鸭池里，月亮出来的时候，我们就开场了。那才真迷人呢，人人晚间都会睡在床上听我们唱歌，昨天我才听见农夫的老婆对他说，因为我们，她夜里一点也睡不着觉。一个人能这样驰名，真是令人高兴的事情啊！”

“啊哼！啊哼！”火箭怒气冲天，一句话也插不进去，真是气极了。

青蛙继续说：“的确是一种好听的声音，我希望你到鸭池那边去玩，我要看我的女儿去了。我有六个美丽的女儿，怕她们遇着梭鱼。梭鱼完全是个大恶魔，一定会把她们当做早餐吃掉，再会吧，我同你谈得非常愉快！”

火箭说：“这是谈话吗？一直都是你在说，我一句都没插上。”

青蛙回答：“在交流中，有的人本来就应该负责倾听，我喜欢自己不停地说，这既节省时间，又免得发生争论。”

火箭说：“但是我喜欢争论啊！”

青蛙很得意地说：“我希望你别这样，争论是很没风度的行为，在上流社会里，人人的见解都是一样的，再说一次‘再会了’，我到那边看我女儿去了。”说完青蛙就游走了。

“你真是个讨厌的人，”火箭说，“并且教养相当不好，我最恨你这一类人，像我这样，人家明明想讲讲自己，你却喋喋不休地拼命讲你的事，这就是所谓的自私。自私是最叫人讨厌的，尤其是对于像我这样的人，因为我是以富有同情心出名的。事实上你应该以我为榜样，学学我，你再也不能找到一个更好的榜样了。你既然有这个机会，就得好好地利用它，因为我马上就要回到宫里去了。我是宫里非常得宠的人，事实上昨天王子和公主就为了祝贺我而举行婚礼。当然你对这些事一点也不知道，因为你是一个乡下人。”

一只蜻蜓坐在棕色芦苇尖上，说：“同他谈话是没用处的，因为他已经早没踪影了。”

火箭说：“这是他的不是，不是我不好，我不能因为他不留心就不对他说。我喜欢自言自语，这是我非常高兴的一件事。我常常自己对自己进行很长久的谈话，我太聪明了，有时讲的话自己一句也听不懂。”

“那么你应该去教授哲学。”蜻蜓说完，就展开一对薄纱似的翅膀，飞到天空中。

“他不留在这儿，真是愚蠢啊!”火箭说，“我敢讲，他从来没有得到这种受教育的机会，但我不在意，像我这样的天才，终有一天会被人了解的。”说完他在污泥中陷深了一些。

过了一会儿，一只大白鸭游到他面前。她生着一双黄色的腿、两只有蹼的脚，走起路来摇摇摆摆。因为她走路的姿势风韵十足，人们都称她是一个绝世美人。

“嘎！嘎！嘎!”她说，“你的样儿真奇怪，你是怎么生出来的？怎么会是这个样子呢?”

“你就是个没见过世面的乡下人，”火箭说，“否则你不会不知道我是什么人，不过我可以饶恕你的愚昧。你听我说，我能飞上天空，洒下许多漂亮的金雨来，使你觉得非常惊讶。”

鸭子说：“我倒不看重这些东西，因为我根本不明白这于人有什么用，若你能同牛一样耕田，像马一样拉车，跟狗一样守家，那还有点意思。”

火箭用一种极傲慢的声音叫道：“我的朋友，我看你就是个下等人，像我这样地位显赫的人是从来不讲什么用处的，我们有许多特别的艺能，那就足够了。我对实业没有什么兴趣，至少对于你所说的那些实业看不起。我历来的意见就是这样，苦工只是无事可做的人的避难所。”

鸭子性情和善，素来不同人争吵，她说：“好的！好的！各人有各人的志向，无论怎样，我想你是准备长住在这儿的吧。”

“啊，不是！”火箭叫道，“我只是一个旅客，一个尊贵的旅客罢了。事实上我已觉得这地方讨厌了，这儿既不热闹，又不安静，就像荒郊野外一样。我就要回王宫里去了，因为我的命生来就是要在世间做点惊人事业的。”

鸭子说：“我从前也有一次想服务社会，社会需要改革的事物太多了。前不久我做过一次议会主席，我们通过决议反对一切不喜欢的事情，然而那些议决好像并没有多大效果，现在我专心料理家事，照管我的家庭。”

“我天生就是做大事的，”火箭说，“我的亲友们，包括那些很低贱的都是这样。只要我们一出来，马上就能引起人的注意。我自己还从来没有出过马，但如果我出马，必定受人拥戴。至于家事，它会使人加快衰老，让人分心，忘掉更高尚的理想。”

“啊，远大的理想，多妙啊！”鸭子说，“这使我想起肚子已经饿了。”说完又叫着“嘎！嘎！嘎！”泅到下游去了。

“回来！回来呀！”火箭说，“我还有许多话要对你说呢！”但鸭子理也不理他，火箭只有自言自语：“走了也好，他没有远大理想，心思实在太平凡了！”说着又在污泥里陷深了一些。

这时候，突然有两个穿白衣的孩子，手里提着一把水壶，还有木柴，跑到沟边来了。

火箭说：“这一定是接我的代表来了。”又装出神气活现的样子来。

“喂，你看这根脏棍子，是从哪儿来的呀？”有一个孩子叫道，把火箭从沟里拾了起来。

“脏棍子？不可能！”火箭说，“他一定是说金棍子，‘金’与‘脏’的发音也很像，说金棍子倒很有礼貌，他一定把我错看成宫里的大官了！”

另一个孩子说：“我们把它放在火里，多一把火烧水也好。”因此他们就把木柴架起来，把火箭放在上面，点着了火。

火箭说：“这真不错，他们在白天让我走，这样人人才能看见我。”

“我们现在去睡吧，醒来水就开了。”两个小孩躺在地下，合上了眼睛。

火箭很湿，烧了很久才燃着。

“现在我要走了!”他伸直了腰，“我知道我飞得一定比星儿还高,比月亮还高，比太阳还高。 真的！我要飞得很高，那么——”

嘶！嘶！嘶！他冲上了天空。

“有趣啊，我永远都要这样，这是多么的成功啊!”他高兴地说。

但没有一个人看见他。

这时，他觉得浑身奇痛起来。

“现在我要爆炸了，”他叫道，“我要轰动全世界，让人们在一年之内都不再讨论别的事情。”砰！砰！砰！火药燃了，毫无疑问的，他真的爆炸了!

但没有一个人听见，就连那两个孩子，也在熟睡中没有醒来。

爆炸之后，现在他只剩下一根棍子，落了下来，正巧打在沟边散步的鹅背上。 鹅叫起来：“老天爷不下雨，却下起棍子来了。”说完立刻钻进了水里。

“我知道，一定会一鸣惊人的!”火箭喘了一口气，完全熄灭了。

少年王

在行加冕礼的前一天晚上，少年王独自坐在华丽的卧室里。朝臣都向他低身鞠躬后退了出去，按照历来行加冕礼的惯例，一齐到王宫大厅听礼仪教授演讲。他们中有许多还不是很懂宫廷礼仪，作为朝臣而不懂礼仪，这自然是不可理喻的事。

那孩子（他的确是个孩子，目前才十六岁）看见他们走开，也并不觉得难过，只是长叹一声，把身子往后一靠，倒在一张绣花大椅上。他躺在那儿，眼睛张着，嘴唇微启，活像一位棕树林里半羊半人形的牧神，又像一只才被猎人捉住的森林小野兽。

老国王独生女的儿子，是同一个出身卑贱的人偷养的——有人说，是个异乡人，靠魔法的笛音，使公主爱上了他；又有人说，是个里米尼①的艺术家，公主待他十分殷

① 里米尼：意大利海港。

勤，或许是太殷勤了，突然在城里失踪，连礼拜堂的壁画都没有完成。

他生下来才满七天，就在母亲睡着的时候被人偷偷抱走，送给了一位牧羊人的妻子。 那户人家没有孩子，住在很偏远的森林里。 至于公主，在生下他之后就死了。 据王宫里的医生说，有可能是气急而亡，又据别人猜测，有可能是用一种掺在香酒里的意大利毒药，在醒来的一小时内毒死的。 一个忠仆把婴儿载在鞍轿上，当他从倦马上下来，弯腰去敲那户牧羊人家门的时候，公主的尸身已埋葬在荒地掘好的坟地里。 那坟在城外，据说里面还葬着一个人，是个极漂亮的青年，双手被反捆在背后，胸部还有许多伤痕。

至少，以上所述的是许多人常常谈论着的话。 那老国王在临死的时候，或许是良心发现，觉得过去实在罪大恶极，或是为了皇室永传一家，就把那孩子找回来，在朝廷上公布他为自己的继承人。

孩子被找回宫里后，立刻就表现出爱美的热情来，这种热情注定要影响他的一生。 据那些陪伴他进宫的人说，当他刚看见那些为他预备的衣服珠宝，就欢喜得叫起来，似乎已经忘乎所以，立刻就把穿在身上的皮袄、皮褂脱了下来。不过有时他的确也想念从前那种悠然自在的山林生活，繁重的宫廷礼节经常占据他很多的时间，这常常使他感到厌烦。但这座富丽堂皇的宫殿(人们称它作“欢乐宫”，他现在是它的主人了)，似乎对于他来说又是一个新世界，只要他能从会议厅或朝驾殿里逃出来，就会立刻跑下那两边立着铜狮的云母大石梯，从一间屋子走到另一间屋子，从一条走廊走到另一条走廊，好像要从里面寻找一副止痛药，或者一种治病的仙方似的。

他把这称之为一种探险——的确，这对于他来说是异地的旅行，陪伴他的是一些瘦小的美发宫仆，穿着飘动的外衣，系着漂亮的缎带，但多数时间是他一个人。他以一种直觉或者先知预卜般的能力，觉得艺术最好是秘密地去追求。美犹如智慧一样，喜欢那些孤独的崇拜者。

这个时期流传着很多关于他的古怪的故事。据说有位邑长代表人民来演讲，昧着良心说了一番歌功颂德的话，他很虔敬地跪在一幅由威尼斯买来的画面前，神情犹如朝拜天神。又一次，他失踪好几个钟头，经过长久搜寻，才发现他在宫内北方小塔的屋子里，犹如丢了魂似的，呆看着一尊由希腊宝石镶成的阿多尼斯①雕像。据传闻，当时他把嘴唇

① 阿多尼斯：美神维纳斯所爱的美少年。

紧压在这尊雕像的眉毛上。这尊雕像是在河边修桥的时候发现的，上面还刻着哈德良[1]的比提尼亚[2]奴隶的名字。他还花了整夜的工夫，去观察月光照在恩底弥翁[3]银像上的奇异景象。

各种稀有值钱的东西对他都有很大的吸引力，为取得这些东西，他派出不少商人四处搜寻。有的到北海边，同渔夫做琥珀交易；有的到埃及去找青宝石，这种宝石只有皇墓中才有，价值连城；有的到波斯去买丝织地毯以及花陶器；有的到印度去买薄纱、红象牙、透明石、玉珠、檀香木、蓝珐琅和上等羊毛围巾。

但最让他劳心的要算加冕那天穿的袍子，金丝织成的袍子，红宝石镶成的王冠，珍珠串联而成的王节。的确，今晚靠在华丽的躺椅上，双眼望着火炉中渐渐燃烧成灰烬的松木柴，想的便是这些。衣服的图样是由最著名的艺术家绘制的，几个月前已经呈给他看过。他当时就下令叫工人日夜加点赶工，还指派专员到全世界找寻配得上它的珠宝。他在幻想中，见自己穿着华丽的王服，站在礼拜堂的高祭坛前，孩子气的嘴角边流露出微笑，深黑的眼睛里，闪动着尊

① 哈德良：罗马皇帝。
② 比提尼亚：古国名，在小亚细亚北部。
③ 恩底弥翁：西方月神钟爱的美少年。

贵的光辉。

隔了一会儿，他站起身来，靠在火炉的雕花护栏上，看着四面光线阴暗的屋子。壁上挂着华丽的帷帐，代表美之胜利。一个角落里，放着一架镶着玛瑙和蓝宝石的印字机。对窗口的地方，有一个箱子，装着金粉涂的镜板，上面放着一些维尼丁琉璃以及黑纹碧玉制成的杯子。床毯上绣着罂粟花，好像随手抛在上边似的。丝绒华盖上镶着象牙雕成的芦苇草，上面插着一把鸵鸟羽毛，一直触到平整的银天花板。一个青铜的笑菩萨头上，顶着一面光滑的镜子，桌上放着一只紫水晶的碗。

窗外，他可以看见教堂那高高的楼顶耸立在阴暗的天空里，像虚幻水泡似的一层层堆积着。疲乏的哨兵，在夜雾笼罩的河边来回踱着散乱的步子。远处的花园里，有夜莺的叫声，一阵阵茉莉花香从窗口吹进来。他把棕色的卷发梳在头后，顺手拿起一支笛子，手指便在笛孔上面起伏着。接着他沉重的眼皮垂下来了，浑身开始疲倦。在以前，他从来没有这样亲切或这样愉快地感觉到美的东西的魔力与神秘。

钟楼敲响午夜钟的时候，他的宫仆进来，很有礼貌地为他脱去外衣，洒些玫瑰香水在他手心里，枕边也为他放了一些花儿。几分钟后，他们离开房间，他就睡着了。

睡着后他做了一个梦：

他觉得自己站在一间矮小的房子里，房子里有许多织布机呼噜呼噜地响着，暗淡的日光从铁窗口射进来，几个弯着腰做事的织工面色清瘦。神色苍白、病态毕现的孩子们弯着腰坐在机车前，当梭子穿过丝线，他们便把沉重的压板拉起来，当梭子停下来，又把压板放下去，将丝编织在一起。这些人脸上都露出饥饿的神情，手也战栗无力，还有许多憔悴的妇人坐在桌边缝衣裳。屋里有一种怪气味，空气混浊，墙上满是污秽潮湿的斑痕。

少年王走到一个织工面前，站在他身边看她。

织工怒目地瞪了他一眼，说："你看着我干吗？你又是主人派来监视我们的密探吧？"

少年王问："你们的主人是谁？"

"我们的主人？"织工很悲伤地说，"他也是同我们一样的人，不过，也有不一样的地方——他穿着华丽的衣裳，我们穿着破烂的碎布；我们饿得快要死了，他家里却酒肉太多，正嫌臭着呢！"

少年王说："这地方是自由的，你们又不是别人的奴隶，为什么还要待在这里？"

织工答道："战争时，强者就要弱者做奴隶。和平时代，有钱人就要穷人做奴隶。我们非做工不可，因为我们要生活下去。但他们只给那点儿可怜的工资，我们只有死路一条。我们成天为他们辛苦地工作，金子却都堆在他们的柜子里。我们的孩子，不到成年就夭折了。我们所爱的人的面容，也都变得憔悴不堪。我们用双手辛勤地榨出葡萄汁，可最后喝酒的却是别人。我们汗流浃背地播种稻谷，而家里一粒米都没有。我们实在戴着枷锁，虽然肉眼看不见。我们都是奴隶，不管别人说我们有着怎样的自由。”

少年王问：“个个都如此吗?”

织工答道：“个个都是如此，无论年轻的还是年老的，女的还是男的，未成年的孩子或是饱受生活打击的成人，都是如此。商人压榨我们，我们不得不听从他们的指挥。牧师只会数着念珠面无表情地从我们身边经过，从来不曾理过我们。我们的道路上没有太阳，‘贫穷’睁着一双饥饿的眼睛爬进我们的家门，‘罪恶’就紧随在它的身后。早晨惊醒我们的是‘苦难’，夜里陪伴我们的是‘羞辱’，但这些于你有什么关系呢?你跟我们不是一个世界的人，从你的脸色就能看出，你生活得非常优越。”他怒冲冲地把脸转过去，又在机器上抛着梭子，少年王这才看见上面全绕着金线。

他惊恐极了，连忙对织工说：“你们织的这件衣服是给谁的?”

织工答道:“是少年王加冕时穿的,于你有什么关系呢?”

就在这时,少年王大叫一声醒来。啊!他仍在卧室里,窗外蜜色的月亮正挂在迷雾般的夜空中。

他立刻又睡着了,另一个场景进入他的梦乡:

他觉得自己坐在一艘大木船的甲板上,由数百个奴隶摇桨行驶。船主坐在他身边的一张地毯上,全身漆黑犹如乌木,头布是鲜红色的丝巾,大银耳环挂在耳垂上,手里拿着一杆象牙秤。

奴隶们全裸着身体,只围着一块腰布,全部一对一对地被锁链套住。他们不顾风吹日晒,在梯口奔忙着,一些黑人在过道上跑来跑去,皮鞭不时地落在他们身上。他们伸出枯瘦的双手,在水中划着重大的桨,水花从桨上溅起来。

后来,他们到了一个港湾,开始测量水深。岸上吹来一阵微风,船上面便铺满一层厚厚的红土灰。三个骑着野鹿的阿拉伯人用长枪投来,船主拿出一支花箭,射中一个的咽喉,他落在浪里,其余的便逃走了。一个戴着黄面纱的妇人,骑在骆驼背上慢慢走过去,不时回过头来看那具尸体。

少年王听见这句话，大叫一声，便醒了过来，窗外已是晨光熹微，星光逐渐暗淡了。

但他立刻又睡着了，做梦了：

他似乎在一片昏暗的森林里漫游，森林里到处都生长着奇怪的果子和美丽的毒花。他从蝮蛇身边经过，蝮蛇嘶嘶地叫着。树枝间，鹦鹉一边飞一边嘶鸣，一只巨大的乌龟在炎热的泥水中沉睡，树上尽是猴子和孔雀。

他在森林里穿梭，最终走出森林，看见一群人在干涸的河床上劳作。那些人好像蚂蚁一般地拥上峻岩，他们在地上挖出一个很大的深坑，便爬进去，然后有的用巨斧劈石，有的在泥沙中摸索。他们连根拔起仙人掌，在红花上践踏，忙作一团，推推攘攘，没有一个偷懒的人。

“死”和“贪”在一个暗洞中看着他们，“死”说：“我厌倦了，把他们的三分之一交给我，让我走吧！”

但是“贪”却摇摇头，回答道：“他们都是我的仆役呢！”

“死”又对她说：“你手里拿着什么？”

“贪”说：“我有三粒谷子，于你有什么关系呢？”

“死”叫了起来：“给我一粒，我拿去种在我的园子里，只要一粒，我就立刻走。”

“贪”说：“我什么也不会给你。”便把手藏在衣襟下。

“死”笑了起来，拿出一只杯子放进池水里，然后便把“疟疾”取出来。只见“疟疾”在人群中穿梭，三分之一的人就死掉了。她的身后涌出一阵冷雾，无数的水蛇在她身边围绕。

“贪”见又死了这么多人，便捶着胸膛哭泣起来，她敲着贫瘠的胸膛大叫：“你又杀死我这么多人，你回去吧！鞑靼的山里正有战事，双方的国王都请你快去。阿富汗人把黑牛杀了，也在出兵开战，他们用矛头刺盾牌，身上穿着铁甲。我这山谷不过是个小地方，你不应该在这儿活动，去吧，以后别再来了！”

“死”答说：“可以，只要你给我一粒谷子，我就立刻走。”

但“贪”把手更捏紧了一些，咬牙切齿喃喃地说：“我决不会给你谷子的。”

“死”又笑了起来，拿出杯子，然后捡一块石头抛到森林里，于是“寒热”便成为火焰，从一丛毒草那儿出来了。她行经群众之间，碰着一个便死一个，所过的草地立刻枯黄。

“贪”战栗起来，拿些灰抹在自己头上，叫着：“你真残酷，你真残酷啊！印度许多城市在闹饥荒，撒马利亚的井大多都干枯了，埃及也有许多城市闹饥荒，蝗虫铺天盖地从荒地中飞来，尼罗河也溃决了，教士诅咒着生殖神和判官。你到那里去，把我的仆役留下给我！”

“死”答道：“可以，只要你给我一粒谷子，我就立刻走。”

“贪”摇头说：“我决不会给你谷子的。”

“死”又笑起来，她用手吹起哨子，只见一个女人就从空中飞来。这女人前额写着“瘟疫”二字，有一群瘦鹰围在她四周。她用翅膀罩住整个山谷，那儿的人瞬间死得一个也不剩了。

“贪”一路叫着，往森林中逃去，“死”便跨上红马，也飞驰而走，急驰得比风还快。

山下的泥泞中爬出一些生着爪牙的龙与一些可怕的怪物，徘徊在沙地上，高翘着鼻孔在空中吸气。

少年王哭了：“这是些什么人？他们在这儿找什么？”

一个人来到他身后说：“找王冠上的玉。”

少年王转过身子，看见一个穿着预言家衣服的人，手里还拿着一副银色眼镜。

他脸色发白，问：“为哪一个国王呀？”

预言家答道：“在这面镜子里，你自己去看他吧！”

少年王望着镜子，看到的是自己的脸，他惊得大叫一声醒了，只见阳光已经洒满屋子，鸟儿已经在花园的树枝上开始唱歌。

这时，御前侍臣和朝中大官都进来参拜他，宫仆把金丝朝服取来，王冠和王节也放在他面前。

少年王注视着这些东西。的确，它们都非常漂亮，他从来没有见过如此美丽的东西，但是他想起了他的梦，便对臣仆说："把这些东西拿开吧，我不穿了！"

臣仆都很惊讶，有的觉得他在开玩笑，竟然大笑起来。

但他说话的态度很严肃："把这些东西拿去藏起来，别给我看见，虽然今天是我的加冕日，但我仍然不要穿它，因为这件衣服是在'悲愁'的机械上，由'痛苦'的手织出来的。这玉中有'鲜血'，珍珠里有'死亡'。"说完他就把三个梦讲给他们听。

臣仆听了他的三个梦以后，相视低语，都说："他一定傻了，梦终究是梦，幻想也终究是幻想，绝非人应该去关心的事，那些为我们劳苦的人的命运，与我们有何关系？一个人，没见过耕种，就不能吃饭吗？一个人，没见过酿酒，就不能喝酒吗？"

御前侍臣对少年王说："陛下，请你抛开这些恶念，穿上这件王袍，戴上这顶王冠吧！否则你不穿戴国王的衣帽，人们怎知道你是国王呢？"

"真的吗?"少年王看看他，问道，"不穿国王的衣服，他们就不知道我是国王吗?"

御前侍臣叫道："是呀，如果您不穿王袍，他们是永远不会知道您是国王的!"

少年王说："我以为有人生来就是长着国王的样子，你说的或许不错，但我还是不要穿这件王袍，戴这顶王冠，我进宫的时候是怎样打扮，现在我就怎样打扮着出宫去。"

他吩咐他们全部退出，只留下一个仆人陪着他。这仆人比他小一岁，留在身边伺候自己。在清水中沐浴后，他打开一个花橱，把在山上放羊时穿的皮袄、皮褂取了出来，穿好之后，又把赶羊的棍子拿在手中。

小仆人睁大一双蓝眼睛，很惊异地微笑着对他说："陛下，我看见您的王袍和王节，但是您的王冠呢?"

少年王就随手折下一枝露台上的野荆棘，弯成一个圆圈，戴在自己头上。

他说："这就是我的王冠。"

少年王穿着这身衣服从卧室出来，走到大殿上，那儿早有许多贵族等候在此。

贵族们见他这身打扮，立刻讥笑起来，有的竟向他叫道："陛下，百姓等着他们的国王，你却要他们去见一个乞丐吗?"许多人也恼怒了，说："他简直是在羞辱我们国家，实在愧为我主。”但他什么也不回答，只往前去，走下云斑石梯，穿过紫铜门，然后就骑上马，向教堂驰去，小仆人在他身后跟着跑。

路边的百姓都笑了，并说：“骑马去的一定是国王的弄臣。”

少年王勒住马，便说：“不，我就是国王呢!”他又把三个梦讲给他们听。

这时人群中走出一个人，很愁苦地对他说：“陛下，您不知道穷人的生活是从富人的奢华中来的吗？我们就是靠您的施舍来活命的啊！固然替暴主效劳是很不幸的事情，但若没有暴主可依，我们就完全没有了生活来源，其苦更甚。您觉得乌鸦会养活我们吗？对此您有什么解救的办法没有？您会对买东西的人说‘你得出这么多钱买下’，又对卖东西的人说‘你得照这样价钱卖出’吗？请您速返王宫，衣紫服而来，您根本就不能解决我们的痛苦!”

少年王说：“富人与穷人不是兄弟吗?”

那人答道：“是的，那个富人兄弟的名字叫恶魔!”

少年王满眼含着泪，在人群的嘶嚷中急驰而过，那小仆人竟害怕得逃了。 他来到教堂大门，士兵便把斧戟伸出来挡住他的去路，喝道：“你是做什么的？除国王外，任何人不许进来。”

少年王露出怒容，对他们说："我就是国王!"他推开斧戟，大步走了进去。

教主见他穿着牧羊人的衣服，很惊异地从宝座上站起来，来到他面前，说："孩子，这是国王的衣服吗？我用什么王冠给你戴，用什么王节给你握呢？当然，今天是你应该高兴的一天，但也不是胡闹的一天。"

少年王说道："'快乐'能穿'忧愁'穿过的衣服吗?"又对他讲了那三个梦。

主教听了，立刻皱起眉头，对他说："孩子，我是个老人，在这暮年时期，我知道世间发生着很多恶劣的事情。凶恶的盗匪把小孩子抢去卖给摩尔人；狮子躺在草丛中捕食过路客，猎杀骆驼吃；野熊把山间的稻谷一起连根拔了；狐狸偷吃农田的果树；盗贼横行在海上，焚烧渔船，掠夺渔网；盐地里的麻风病人，住在破茅草屋里，谁也不敢靠近他们；乞丐在城里徘徊，和狗一起抢吃东西。你能使这些事情没有吗？你能和麻风病人同床，和乞丐共坐吗？狮子能听你的命令吗？野熊能服从你吗？难道那位创造悲苦的'他'不比你聪明？我并不赞成你做这种事，所以你赶紧回宫去，展开笑颜，穿上国王应该穿的衣服，然后我就替你加冕金的王冠，赐你珍珠镶的王节。至于你的梦，别再想了，这世界的重负，一个人是担当不了的，这世界的烦恼，一个人是承受不了的。”

“你在教堂里说这种话吗?”少年王怒道。他从主教身边走过，爬上祭坛的阶梯，来到了基督像前。

他伫立在基督像前，耶稣的双手里放满了精致的金质器皿以及圣杯。珠宝装饰的神坛上，蜡烛十分明亮，一缕青烟，直升上圆圆的屋顶。他开始叩头祈祷，那些穿着华服的教士走下祭坛，让开了。

突然街上传来一阵喧哗，许多贵族，头上插着羽毛，拖着刺刀，有的更拿着钢制的盾牌，一齐走了进来。他们叫着:“做梦的家伙在哪儿?穿得像乞丐的国王在哪儿?羞辱我们国家的人在哪儿?我们要杀了他，他没有资格统治我们。”

少年王又叩头祷告，祷告完毕，才站起身来，很忧愁地看着他们。

看啦，就在这时，一缕阳光从贴满彩色花边的窗口射进来照在他身上，犹如穿上了一件金丝王袍，比定制的那件还要尊贵得多。水仙的枯木枝也开满了鲜花，朵朵比珍珠还洁白。玫瑰干枯的荆棘也开了花，朵朵比红玉还艳红。比珍珠还白的是那些水仙花朵，花梗犹如光亮的银子;比红玉还红的是那些玫瑰，花叶犹如金叶片片。

他穿着王袍站在那儿，神坛的门打开了，供台上的水晶，突然射来一束神秘的亮光。 他穿着王袍站在那儿，上帝的荣光照满各处，圣像在雕刻的壁龛里蠕动。 他穿着王袍站在他们面前，风琴传出了音乐，号手吹起号来，歌手也唱歌了。

人民全部敬畏地跪下，贵族连忙插好刺刀，行了臣服之礼。 主教的脸也苍白了，手也战栗着。 “一个比我更伟大的人已经给你加冕了！”说完就在他面前跪了下来。

少年王这才从高高的祭坛上走下来，穿过人群回到宫里。 这时无人敢看他一眼，因为他的脸完全跟天使的容貌一样。

星孩儿

从前，有两个樵夫从一片松林经过。那是冬季很冷的一个晚上，天地间堆着厚厚的白雪，路边的树枝全都弯下身去。他们遇到一个巨大的瀑布，只见她悬挂在空中静止如同帷幕，就像跟冰王亲了嘴似的。

天气真是太冷了，连鸟兽都不知该怎样保护自己。

狼夹着尾巴，在树林中一颠一跛地潜行着，怒道："该死的鬼天气，政府怎么不管啊？"

"啾！啾！啾！"绿色的梅花雀叽叽地叫着，"衰老的大地死亡了，人们已经用白寿衣把她收殓了。"

斑鸠互相低语着："大地要结婚了，这是她穿的婚礼服。"小脚儿早已冻伤，但面对如此困境，他们觉得应该用一种浪漫的态度对待生活。

"胡说！"狼大声叫了起来，"我告诉你们，这全是政府的过错，如果你们不相信，我就吃掉你们。"他的头脑很聪明，辩论总是不会输掉的。

“在我看来，”天生就是哲学家的啄木鸟说，“我不喜欢用这种论调解释什么，一件事情要是怎么样的，就是怎么样的，现在真冷得可怕啊！”

天气确实冷得可怕，住在高枞树里的小栗鼠互相摩擦着鼻子取暖。兔子蜷缩在洞窝里，头都不敢伸出来。唯一比较高兴的，似乎只有毛茸茸的猫头鹰，手都冻硬了，但他们依旧转着那双黄黄的大眼睛，在森林中叫着：“吐伙！吐伙！天气多好啊！”

两个樵夫一边走，一边用嘴呵着手指，铁钉鞋在雪块上一步步地踹着。有次石头太滑，两人跌进大坑里，爬起来犹如全身沾满了面粉；又有一次，在厚厚的冰地上突然滑了一跤，负在身上的木柴全部散落在地，只得一根根拾起来重新捆好；还有一次，他们迷路了，十分害怕，因为他们知道雪对于那些睡在她怀里的人是极残酷的。但他们信任着保护一切出行人的神灵，又重新鼓起勇气迈开脚步，终于走出森林，看见山下那个他们所熟悉的村庄。

两人如同死里逃生一般大笑起来，在他们眼里，此时大地仿佛一朵银色的花，月亮犹如一朵金色的花，让人心旷神怡。可是笑完之后，就忧愁起来，他们想到了自己的贫穷。一个樵夫对另一个樵夫说：“我们明明知道生活偏袒着富人，而对我们穷人不屑一顾，为什么还要快乐呢？还不如在森林里冻死，或者被野兽扑过来咬死呢！”

“的确，”他的同伴说，“有的人获得太多，有的人获得太少，不公平把世界分成两个样子，可是除了忧愁，世间根本就没有可以平分的东西。”

正在他俩诉说穷苦的时候，忽然从天上落下一颗亮晶晶的星儿。那星儿经过夜空，滑落而下，消失在一棵柳树背后，离小羊栏不远的地方。

“啊，如果找到它肯定能得到一坛金子！”他们拔步飞跑过去，一心幻想着自己成为富翁后的生活。

有一个跑得比较快，超过另外那个樵夫。他穿过树林，来到那棵大柳树旁边，只见雪白的大地上的确有一件闪闪发光的东西。他向前靠近，蹲下身来用手一摸，竟然是一件金丝织成的衣服，上面满绣着星儿，好像包着什么东西似的。他立刻把同伴叫来，说是找着了天上落下来的宝贝。同伴走过来，两人打开包裹，原本想从里面得到几块金子的，但是——啊，根本就没有什么。金子、银子，什么财宝都没有，只有一个熟睡的婴儿。

“希望难道就如此破灭？”其中一个说，“原来什么好运也没有，一个孩子于人有什么好处？离开这儿吧，我们是穷人，连自己的生活都成问题，哪还有多余的钱养其他人的小孩。”

“不行，”他的同伴却说，“把小孩子丢在这儿冻死，是一件很没有良心的事，虽然我同你一样穷，家里的米也仅剩一点儿，还得食用几个月，但我还是想把他领回去，叫我的妻子把他养大。”他很和善地把孩子抱起来，用衣服包好，不让冷风吹着他，一面朝山下的村子走去。至于他的同伴，看到他这种傻乎乎的样子，觉得非常奇怪。

他们刚到村子里，他的同伴就对他说：“你既然要这小孩，那么就得把衣服给我，因为这些东西我也是有份在内的。”

“不行，”他说，“这衣服既不是我的，也不是你的，是这孩子的啊！”说完就祝同伴一路平安，然后回到自家屋前。

他的妻子开了门，见丈夫平平安安回来，就双手抱住他的脖子，连吻好几次，这才帮他放下背上的木柴，又替他刷靴子上的雪，叫他进来。

他却对她说：“我在森林里找着一样东西，带回来要你照管呢！”仍站在门口不动。

“是什么呀？”妻子叫道，“给我看看吧，这屋子里一无所有，我们正需要许多其他的东西呢！”

他把斗篷拉开，一个熟睡的婴儿呈现在她的面前。

“哎哟！”妻子大吃一惊，喃喃地说，“难道我们自己的孩子不够，还要再弄一个坐在火炉边吗？谁又知道他不会给我们招来厄运呢？我们拿什么养活他呀？”她生气了。

“不要这样啊，”他回答，“这可是一个星孩儿呢！”说着便把这个小孩的来历讲给她听。

但妻子仍旧嘲笑他，怒气冲天：“我们的孩子还没有面包，难道还要给别人的孩子吃吗？谁肯照顾我们？谁肯给我们东西吃呀？”

“不要这样啊，”他回答，“上帝连麻雀都是照顾的，肯定不会把他饿死！”

妻子反问道：“麻雀没有在冬天饿死的吗？现在不是冬天吗？”

他顿时无话可说，愣住了。森林里刮来一阵冷风，伫立在门口的妻子顿时战栗起来，她看了一眼自己忠厚的丈夫，说：“快进来呀，风肆虐无忌地钻进屋子里，我冷！”

他反问道：“心硬的人的屋子，不是总有冷风吹进来吗？”妻子没有说什么，坐到火炉边去了。

过了一会儿，妻子转过头来，眼里满噙着泪水。他立刻走过去把孩子放在她手里，她便吻了小孩，然后把小孩放在最小那个孩子睡的摇篮里。第二天，樵夫拿出那件金衣，放进了箱子里，那孩子颈上挂着一串琥珀珠，也由他妻子取下来保管。

从此星孩儿便同樵夫的孩子一同长大，同食同游。一年年过去，他一年比一年出落得俊俏，住在那村子里的人都觉得惊讶。因为大家又粗又黑，只有他又嫩又白，活像用象牙雕成似的。那鬈发儿，犹如水仙花环一样，嘴唇像红色的花瓣，眼睛像清溪边的紫罗兰，身体像草原上未经割除的百合一样圣洁。

可是他的美貌却给他带来灾祸，他因此变得非常骄傲、暴虐与自私。樵夫的孩子、村里别人家的孩子，他都认为出身卑贱，骂他们是杂种。他觉得自己出身高贵，是从星儿里蹦出来的，于是就自命主人，叫人家做他的仆役。对于穷人、瞎子、跛子和残疾人，非但毫无怜悯之心，反而还用石头砸人家，把他们赶到大路上，叫他们到别处去要饭，所以除了几个胆子特别大的之外，别人绝不敢再到这村子里来乞食。

的确，他非常迷恋自己的美，嘲笑那些软弱的、难看的人，同时还要打骂他们。每到夏天风静的时候，他便躺在教士果园里的水井旁边，向井中看着自己的俏脸儿，顾影自怜，不时发出得意扬扬的大笑。

樵夫两口子常责骂他说："我们对你并不像你对那些可怜无辜的人一样，你为什么要对那些可怜人如此凶狠啊？"

老教士也常叫他去，想教给他一些爱人爱物的道理，总对他说："苍蝇也是你的兄弟，别去伤害他。野雀儿在林里鸣叫，也有他们的自由，你不能因为自己高兴就去捕捉他们。蚯蚓、田鼠也都是上帝创造的，各自有他们的地位。你到底是什么人，要在上帝的世间作恶呢？就是牧场里、田地里的牲口也赞美上帝啊！”

但星孩儿不理他们的话，只是蹙眉嘲笑，又领他的同伴去玩耍了。同伴都喜欢跟从他，因为他既漂亮，又走得快，还会跳舞、吹笛子，更会玩音乐。只要星孩儿领他们到哪儿，他们便到哪儿；星孩儿要他们做什么，他们便做什么。他用木棒刺田鼠的眼睛，他们便笑；他用石头打麻风病人，他们也笑。无论什么事都以他马首是瞻，为此他们的心肠也变硬了，甚至同他一样了。

有一天，一个可怜的女叫花子从村子路过，她的衣服破烂不堪，一双脚因走了很多的山路而鲜血直流，样子非常落魄。因为疲倦了，她便靠在一棵栗子树下歇息。

星孩儿刚看见她，就对同伴说：“看呀，那棵优雅的绿叶树下坐着一个龌龊的叫花婆，我们过去把她赶走，她实在太难看，太讨厌了。”

他走到她的面前，用石头砸她，嘲弄她。叫花婆只用恐惧的眼光看着他，视线一点也不动。这时樵夫正在小树林劈木头，看见星孩儿又在使坏，就跑过来骂道：“你真是铁石心肠，毫不知道怜悯之情，这妇人哪里招惹你了，你为何要这样欺负她?”

星孩儿气得满脸通红，用脚蹬着地说：“你是什么人，要你来管我，我不是你的儿子，才不会听你的话。”

樵夫道：“对，你的确不是我的亲生儿子，但当初我在森林收留你的时候，是因为可怜你呀!”

那妇人听见这话就叫了一声，昏死过去。樵夫连忙把她扶到家里，让妻子照管她，过了很久她才醒过来。樵夫在她面前摆些酒肉，劝她安心食用。

但她一点也不吃，一点也不喝，只对樵夫说：“你不是说，那孩子是在森林里捡来的吗？从今天算起，是十年前的事吧?”

“不错，”樵夫答道，“正是在森林里捡来的，是在十年之前。”

她激动起来：“你捡他的时候，身上有什么东西没有？他颈上是不是戴着一串琥珀珠儿？包着他的是不是一件绣着星儿的金缎衣?”

樵夫答道：“对，你说的一点也不差。”说完就从箱子里把琥珀串和衣服取出来给她看。

她刚看见这些东西，就欢喜得哭了起来：“他是我在树林里丢失的小儿子呀，我求你去把他唤过来，为找他我已经走遍世界的每一寸土地。”

樵夫两口子连忙出去叫星孩儿，对他说："快进屋来看你的母亲，她在等你呢！"

星孩儿满心惊喜地跑进来，但刚看见坐在里面的女子，便轻蔑地大笑起来："怎么，我的母亲在哪儿，我只看见这叫花婆呀？"

那女的回答他说："我就是你的母亲！"

"你大概是疯了，"星孩儿怒道，"我绝不是你的儿子，你只是个叫花婆，又丑又脏。所以说，快些走吧，别让我再看见你这张肮脏的脸！"

"不，你的确是我儿子，是我在森林里生的呀！"她这样叫着，便跪了下来，双手伸向他，求他过来，"强盗把你偷去了，他们要把你弄死。我一看你就能认出来，这些纪念的东西我也认得，这是琥珀串和金缎衣，所以求你过来吧，为寻找你，我已经走遍整个世界。跟我走吧，我的儿，我的儿，我需要你的爱呀！"

但星孩儿关紧他的心门，站在那儿依旧一动也不动，这时候，除了那女人为痛苦而哭的悲啼，就一点声息也没有了。最后他对她说，声音冷酷而无情："假如你真是我母亲，最好赶紧滚蛋吧，别来羞辱我了。我不是你所说的那样，才不是叫花婆的儿子，所以你走吧，别让我再看见你！"

"唉，我的儿！"她哭着，"就是我走之前，你也不能吻我一下吗？我为了找你，真是受了不少的罪呀！”

星孩儿却说：“不行，你太脏了，与其吻你，还不如去吻毒蛇和癞蛤蟆。”

女人只得站起来，很凄凉地哭着走了，星孩儿看见她离开，就高兴起来，又跑到同伴那儿，想同他们一起去玩。但同伴才看见他走来，便突然惊叫着一起嘲弄他说：“啊，你真同癞蛤蟆一样丑，像毒蛇一样讨厌。走开，我们不要和你一起玩了！”就把他赶出了花园。

“他们这样对我说的到底是什么意思？”星孩儿蹙着眉头，暗自道，“让我到井边去，看看我的俊脸儿是如何地标致。”

他来到井边，往井里望去——哎哟！这是怎么回事？他的脸竟像癞蛤蟆的脸一样丑陋了，身子也像毒蛇一样长出了鳞片。他立即倒在地上，大哭起来，并且对自己说：“这一定是我犯了罪所导致的后果，不认亲娘，在她面前傲慢无礼，还把她赶走，我一定要走遍天涯去寻她，不然我决不罢休。”

樵夫的小姑娘走到他身边，手扶在他肩上，对他说：“你不好看有什么关系？同我们住在一起好了，我们不会嘲弄你的。”

他却对她说：“不行，我对母亲太残忍了，这是因为犯罪得来的惩罚，我非去不可。我要走遍世界找到她，希望她能饶恕我的罪过。”

因此他跑到森林里叫喊，请他母亲回来，但是没有回应。他整整喊了一天，到晚上便睡在树叶铺成的大床上。动物四处跑开了，因为他们都记得他的暴虐，除了癞蛤蟆和慢慢爬过的毒蛇，那儿就只有他自己一人。

第二天早晨起来，胡乱摘了些苦果儿充饥，他就穿过树林朝前走去，一路上伤心地痛哭着，无论遇见谁，都问可曾碰见他的母亲。

他对田鼠说：“你能钻到地下去，告诉我，我的母亲在哪儿?”

田鼠却对他说：“你捣瞎了我的眼睛，我怎么能知道呢?”

他对梅花雀说：“你能在天空中飞行，看见全世界，告诉我，你能看见我的母亲吗?”

梅花雀对他说：“你把我的翅膀也剪了，我怎能再飞呢?”

又对独住在棕树上的小栗鼠说：“我的母亲在哪儿呀?”

栗鼠对他说：“你杀了我的母亲，难道你还要杀你自己的母亲吗?”

星孩儿只得哭着低下头，恳求上帝创造的生物宽恕他，然后继续在森林里穿行，寻找那女叫花的身影。第三天，他才走出森林，来到一个平原上。

他每经过一个村子，孩子就会嘲弄他，用石头砸他；庄稼人连牛栏都不让他睡，说他会把谷物弄脏；就连雇工都赶他走，谁也不可怜他。虽然三年来他在世界各个地方都漂泊过，甚至常常觉得自己的亲娘就在前面走着。他喊她，追她，直到尖尖的石头把脚底刺出血来，才发现那竟然是一场梦幻。他无论在什么地方都打听不到母亲的行踪。所有路上的人，谁也不说曾经看见过他的母亲，或者看见像他母亲的人，反而作弄他，使他更添忧愁。

三年来他走遍全世界，在流浪中得不到爱，得不到关切，也得不到仁慈，然而这正是他从前得意之时为他自己创造的世界啊！

一天傍晚，他来到一处靠河的城门口，那城墙异常坚固，虽然已经非常疲倦，双脚也疼痛难忍，但他还是要进城去，只是守门的卫兵把刺刀横下来拦住他，恶狠狠地说："你进城干什么？"

他回答："我是来找我母亲的，请准我进去吧，她或许就在里面呢！"

守门的卫兵嘲笑他，有一个捻着胡须，放下盾牌，向他叫道："老实说，就是你母亲看见你，也不会高兴的。你比泥沟里的癞蛤蟆还不如，在山上爬的毒蛇还比你俊俏一些，滚吧，你母亲不在这城里。"

另一个手执杏黄旗的卫兵对他说："你的母亲是谁？你为什么找她？"

他说："我母亲是个叫花子，同我差不多的样子，我从前待她不好，请准我进去，若是她在城里，找到她，或许她会饶恕我的。"但他们不答应，还要用矛刺他。

星孩儿哭着转身走了，这时突然过来一人，身穿镀金花甲，盔上绣着飞狮，问那些士兵，要进城的是谁。他们便对他说："是个叫花婆的儿子，也是个讨饭的，我们已经把他赶走了。"

"不必，"那个人笑着喊道，"我们可以把这脏东西卖给别人去做奴隶，得来的钱还可以换一杯甜酒喝呢！"

旁边正经过一个面目狰狞的老头儿，说道："这家伙我买了。"说完他付了钱，一把拉住星孩儿，往城里走去。他掏出一条丝巾，把星孩儿眼睛蒙住，当丝巾解开的时候，星孩儿便发觉自己已待在一间土牢里，牢里点着油灯。

老头儿用一个木盘盛了些面包皮，放在他面前说："吃吧！"又用一个杯子装了些污水，也放在他面前说："喝吧！"他吃完之后，老头儿便走出去，用铁索拴紧了大门。

那老头儿是个狡猾的非洲术士，跟一个住在尼罗河畔皇墓里的人学过魔法。第二天，他走进来，蹙眉对他说："在异教徒城门附近的一片森林里，有三块金子，一块是白金，一块是黄金，还有一块是赤金。今天你去帮我把白金拿来，如果拿不来，就打你一百鞭。快些去，太阳落山的时刻，我在花园门口等你。你是我的奴隶，我花一碗酒的价钱把你买来，不听我的话，小心我打断你的腿。”他用丝巾遮住星孩儿的眼睛，带着他走出房间，穿过罂粟花园，上了那五级铜梯，然后用戒指把门打开，把他放到街上去了。

星孩儿走出城门，来到术士告诉他的森林。

这林子，从外面看来十分美丽，里面似乎定居着许多鸟儿。星孩儿快快活活地朝里面走去。但是他无论到了哪里，地上总有又尖又粗的荆棘拦住他的路，凶恶的荨麻刺痛他，蓟也拿它的刺戳他，使得他痛苦不堪。术士要他拿的金子，从早晨寻到中午，中午寻到傍晚，怎么都找不着。日落时，他伤心地哭着往回走，命运对他真的太坏了，他不知道接下来将有什么样的事情发生在自己身上。

但他刚走出森林边界，就听到树丛里传来一声哀叫，这时他忘记了自己的忧愁，跑到森林，才发现原来是一只小兔子落在猎人的陷阱里了。

星孩儿很可怜它，就把它放了，对它说：“我自己也不过是个奴隶，但我竟可以给你自由。”

兔儿回答他说：“你给了我自由，要我拿什么报答你好呢?”

星孩儿就对它说：“我正要找一块金子，但到处都找不着，若找不着，回去就要挨主人的打。”

兔子说：“跟我来吧，我知道那东西藏在哪儿，并且为什么藏在那儿的原因我也知道。”

于是星孩儿就跟在兔子后面，刚走到一棵橡树穴口边，就看见要找的金子正放在那儿。啊，他因此高兴极了，拿到金块，便对兔子说：“我不过为你做了一点小事，你却加倍地偿还我；我不过对你施了一点小恩，你却百倍地报答我。”

兔子道：“不是这样说，只要你怎样待我，我就怎样待你。”说完它就很快地跑走了，星孩儿才转步回城。

这时候，城门口正坐着一个麻风病人，脸上盖着一块灰帕，眼睛好像火炭一般通红。他见星孩儿走来，便敲着木碗，摇着铃子，大声向他叫道：“给我一点钱吧，我要饿死了，他们把我赶出城来，谁也不怜恤我。”

“唉！”星孩儿叹气道，“可是我口袋里只有一块金子，不拿回去交给主人，他便会打我，我是他的奴隶呀！”

但那麻风病人又央告他，请求他，星孩儿就发了慈悲心，把那块白金给他了。

回到术士家里，术士给他开了门，领他进来，问道：“那块白金拿来了吗？”

星孩儿回答：“没有拿来。”

于是术士抓住他就一顿痛打，随后放一个空木盘在他面前，说："吃吧！"又给他一个空杯子，说："喝吧！"最后又把他关到地牢里去了。

第二天，术士又来对他说："假如今天你不把那块黄金拿来，我一定把你当奴隶看待，打你三百鞭。"

星孩儿便再次来到森林里，去找那块黄金，找了一天，到处都找不着。日落时他便坐下来哭泣，正在这时，被他从陷阱里救起来的小兔子跑来了。

兔子问他："你为什么哭？你在这林子里找什么？"

星孩儿说："我要找一块藏在这森林里的黄金，假如找不着，我的主人就要打我，拿我当奴隶看待。"

兔子叫道："跟我来！"便往森林里跑去，他们来到一个水池旁边，才停下来，就在池底发现了那块黄金。

星孩儿说："我应该怎样感激你才好呢？啊，你救我，这已经是第二次了！"

兔子说："没关系，你曾可怜过我！"这样说着，便很快跑开了。

星孩儿取了黄金，装进口袋里，急忙向城内走去。麻风病人刚见他来，又跪下向他叫着："给我一点钱吧，我快饿死了！"

星孩儿便对他说："我口袋里只有一块黄金，而且不拿回去交给主人，他便要打我，拿我当奴隶看待。”

但那麻风病人仍百般地哀求他，又动了星孩儿的恻隐之心，又把那块黄金也给了他。

回到术士家里，术士给他开门，领他进去，便对他说：“那块黄金拿来了吗?”

星孩儿说：“没有拿来。”

于是术士抓住他，又痛打一顿，并且还套上锁链，把他打进土牢里。

第二天，术士又来对他说：“如果今天你把那块赤金替我拿来，我就放你自由，如果不拿来，我一定把你杀死。”

于是星孩儿再次来到森林里，找那块赤金，找了一天，怎么也找不着。傍晚他就坐下来哭泣，正在这时，小兔子又来了。

小兔子问他：“你要找的那块赤金，就在你背后那个洞里，别哭了。”

星孩儿便说：“我应当怎样感激你才好?啊，你救我，这已经是第三次了!”

兔子说：“没关系，你曾可怜过我!”这样说着，很快地跑开了。

星孩儿走进背后的那个洞里，在洞底找到了那块赤色的金子。他把它放进口袋，急忙向城里走来。那麻风病人看见他来，就站在路中央，向他叫道：“把那块赤金给我吧，我快要饿死了！”

星孩儿又可怜他，把赤金也给了他，对他说：“你比我更需要它。”但他心里依然很难过，因为他知道死亡的阴影已笼罩在自己身上。

但是，看啊！当他走进城门的时候，卫兵们都躬身行礼，说道：“我们的主多么好看啊，您是我们国王的儿子！”一群老百姓也跟在他后面欢呼：“世间绝没有这样好看的人！”星孩儿听见，反而哭泣起来，暗自说：“他们都瞧不起我，还要嘲弄我，拿我的不幸来寻开心。”这时拥挤的人越来越多，使他迷了路。在人群中一阵穿梭，他来到一个大广场，王宫便矗立在他的眼前。

这时宫殿开了门，许多教士和大官都出来迎接他，伏在他身前，高声说道：“陛下便是先王的儿子，我们所期待的王！”

星孩儿就回答他们道：“我不是什么先王的儿子，我只是个叫花婆的儿子，我知道我很丑，你们为什么要说我好看呢？”

身穿镀金花甲，盔上绣着飞狮的那人便拿起盾牌给星孩儿当镜子，并叫道：“我王为什么说自己不好看呀？”

“啊！”星孩儿一照，立刻惊叫起来，他的脸又同当初一样，美丽的面容复原了，并且他还看见自己的眼睛里有一种从来不曾有过的东西。

教士和大官们便跪下来，对他说："从前有位先知曾预言，统治我们的人就要在今天降临，所以请我王戴上这顶王冠，手持这个王杖，以正义与慈悲之心来做我们的国王吧！"

但星孩儿对他们说："我不配做一国之君，因为我以前虐待过我的生身之母，如果我找不着她，得不到饶恕，我是决不会罢休的，所以请让我走吧。虽然你们把王冠、王杖都拿来给我，但我必须再到其他地方去寻她，不能在这儿耽搁！"说完，就转头往城门的那条街望去。

啊，他突然发现，在围着兵士的人群中，他的母亲叫花婆竟然就在那儿，旁边站着那个坐在城门口向他讨要金子的麻风病人。

他高兴得大叫起来，立刻跑过去跪下来吻母亲双脚，用自己的眼泪去清洗那些历经风霜的伤痕。他在灰地上磕着头，好像心胆俱碎的人那样痛哭着："母亲啊，我在得意的时候虐待了您，如今在我失意时，您要了我吧！母亲啊，我给您的是憎恨，可是我却想要您的爱！母亲啊，我曾抛弃了您，现在请您收留不争气的儿子吧！"但那叫花婆却不回答他。

他又伸手抱住那麻风病人的双腿，对他说："我救过你三次，你替我求求她，让她再同我说一次话吧！"那麻风病人也不理他。

于是他又哭泣起来："母亲啊，我痛苦得实在不能忍受了，饶恕我吧，让我再回森林里去好了!"这时叫花婆就把手搁在他头上，对他说声："起来!"麻风病人也把手搁在他头上，也对他说声："起来!"

星孩儿站起身来，看着他们。啊，原来他们一个是国王，一个是王后。王后对他说："这是你救助过的父亲。"国王又说："这就是你用眼泪去洗她脚的母亲。"

他们抱住星孩儿的额头吻他，把他带回王宫，给他穿上华丽的衣服，戴上王冠，又把王杖交给他，治理那座河畔边的王城，做了那个地方的国王。从此以后，他做了很多有利民生的善事，作恶的术士也被赶走了。对于樵夫两口子，送去许多贵重的大礼，以报答他们的养育之恩。他们的儿女，也赐了很大的恩典。并且他还不准人们虐待鸟兽，教人们要有和爱、慈悲、亲切与向善之心，没吃的给他面包，没穿的给他衣服，从此国家就平安富庶起来。

然而他当政的时间并不长久，因为他所受的痛苦太深，所受的磨炼也太苦，三年后就死了，他死后继承王位的是一个很坏的国王。

巨人的花园

每天下午放学，孩子们会跑到巨人的花园里玩耍。

怡人的大花园里，遍地生长着绿草。绿草地上，到处生长着美丽的花朵，犹如天上的星儿一样璀璨。十二棵英姿飒爽的桃树，春天开着红白的小花，秋天结满丰盛的果子。鸟儿坐在桃树枝上，唱着甜蜜而动听的歌。孩子们沉醉在歌声里，玩着玩着便歇下来，侧耳静听。他们互相叫着："我们在这儿多快乐呀！"

有一天，巨人回来了。

巨人原本是去拜访朋友，一个住在森林里的吃人大怪兽。巨人同他住了七年，说完想要说的话便决定回家，才回到家便看见这些小孩子竟然在自己的花园里玩耍。

他用一种粗暴的声音叫着："你们在这儿干吗？"

孩子们被他骇跑了。

"人人都知道这花园是属于我的，这里除了我，谁也不许来玩!”巨人说。 他筑起一道高墙把花园围起来，并且挂出一块告示牌：

闲人莫入，违者重罚

他是个非常自私的巨人。

那些可怜的孩子从此没有了玩耍的地方，只有转移到大街上，但是大街上灰沙太多，四处都是坚硬的石头，他们不喜欢，依旧热爱以前那个怡人的花园。 于是下课之后，他们便经常在花园的高墙外徘徊，谈论着园子里有趣的风景，互相叫嚷着：“我们从前在那儿多快乐呀!”

春天到了，山野遍地都开满鲜艳的小花，鸟儿也开始四处飞翔，只有自私的巨人的花园里，仍旧一片冬天的萧瑟。鸟儿不到没有孩子的地方玩耍，树木也忘记了开花。

有一次，一株美丽的花儿刚从草丛中把头伸出，看见那块告示牌，很替孩子们不平，也就缩到地下去睡觉了。 最得意的只有霜和雪，他们叫着：“春天已把这个园子忘记，我们终年都可以居住在这儿了。”雪用她白色的大衣覆盖草地，霜把花园里的树枝一齐镀成银色。 他们邀请北风，北风也来和他们一同居住，他裹着兽皮，整天在园子里号叫，把烟囱都刮倒了。 他说：“这地方很不错，我们把雹请来就更好了。”

因此雹也来了，他每天在房顶上胡闹，弄坏了许多石板，然后又在花园里狂奔。他穿着灰色的衣服，呼吸像冰一般冷飕飕。

“真是不懂，春天怎么还不来呢?”自私的巨人坐在窗口，看着一片雪白、冰冷的花园，自言自语，“我多么希望天气变换一下啊!”

但是春天始终没有来，夏天更是不见踪影，秋天赐给其他花园许多金果，唯独对巨人的花园吝啬不给，她说：“巨人太自私了。”因此巨人的花园里永远都是冬天，冰雹终日在树丛中跳舞，冷风严霜，一片凄凉。

一天早晨，巨人在床上睁开双眼，忽然听见一曲动人的音乐。乐声很优美，他以为是皇家乐队从这儿路过，其实只是一只小红雀在园子外唱歌。

巨人好久没在自己园子里听见小鸟的叫声，所以这似乎是世间最动人的音乐了。这时候，冰雹也在他头上停止狂舞，北风也不再怒号，敞开的窗户外，吹来一阵馥郁的薰香。

“我相信春天终于来了。”巨人从床上跳起，从窗口往外望去。

他看见一个非常奇特的场景，只见许多小孩竟然从墙角的小洞爬进园子，坐在树枝上。他在每一棵树上，都可以看到一个小孩。小孩回来了，树木非常高兴，立刻全身遍开花朵，手臂在孩子头上摇来摇去。鸟儿也上下飞舞，欢喜而婉转地开始唱歌。花儿也从绿草丛中露出脸颊，在那儿欢笑。这是一幅多么可爱的图画，只有花园最偏僻的角落，仍旧弥漫着冬天的萧瑟。

就在那花园最偏僻的角落，有一个小孩站在那儿，他人太小，爬不上树，在那儿转来转去，很悲伤地哭着。可怜的树，仍全身覆盖霜雪，北风依旧在头上怒吼。树儿尽量把枝条弯下，说："爬上来呀，小朋友!"但那孩子太小了，始终攀爬不上去。

巨人默默看着这一切，心忽然软了，说："我是多么自私啊，现在知道春天为什么不来了。我应该把那小孩抱上树去，再把墙推倒，让花园永远做孩子的游乐场。"他对于以往的行为充满懊悔。

他走下楼，轻轻推开房门，来到花园里。但是，那些孩子刚看见他，就吓得跑开了，花园立刻又恢复了冬天的景象。只有那最小的孩子没有跑，他没有看见巨人走来，眼里噙满泪水。巨人偷偷来到他的身后，轻轻把他抱起来放到树枝上，那树瞬间鲜花盛开，鸟儿也瞬间飞来开始歌唱。

那小孩伸出双臂，抱着巨人的脖子，甜甜地亲了他一口。其他的孩子看见巨人已经不是坏人，也都跑回来，春天又同他们一起回到了园子里。

“这是你们的花园了，孩子们!”巨人说道，然后拿起一柄大斧砍倒了围墙。中午赶集的人们经过这里，看见巨人同许多孩子正在这最美丽的花园里玩耍。

他们玩了一整天，傍晚时分都到巨人面前来告辞。

“你们那个小伙伴哪里去了，我抱上树的那个孩子?”巨人说，他最爱的就是那个小孩，因为他吻过他。

孩子们回答：“我们不知道，他早走了。”

巨人说：“你们一定要告诉他，叫他明天再来。”但那些孩子说他们不知道他住在哪儿，从前也没有见过他，巨人觉得非常郁闷。

后来每天放学，孩子们都会来同巨人一起玩耍，可巨人最爱的那个小孩却不曾再出现。巨人对这些孩子都很慈和，但他还是牵挂他的第一个朋友，并且时常想起他。“我多么希望再见到他啊!”他说。

许多年以后，巨人老了，再也没力气玩耍。他每天只能坐在一张大靠椅上，看着小孩子游戏，然后尽情欣赏花园里这幕怡人的景象。他说：“我有许多美丽的花，但是孩子才是这些花中最美丽的。”

现在他不恨冬天了，因为他知道，冬天只是春天在睡觉，花木在休息而已。一个冬天的早晨，他正在穿衣服，不经意地从窗口望了出去，忽然他揉揉眼睛，惊奇地发现，在花园极偏的角落里有一棵桃树，桃树上开满漂亮的白色花朵，树枝全是金色的，挂着银色的果儿，树下竟然站着那个他满心牵挂的小孩。

巨人高兴极了，他跑下楼去，跃过草地来到小孩身边，忽然他气得满脸通红。“谁害你的?”他怒道，原来孩子的手掌与脚掌，分别有两个清晰的钉子印。

“谁害你的?告诉我，我拿大刀去杀了他!”巨人大叫。

那小孩回答：“不，这是爱的伤痕!”

“你是谁?”巨人问，忽然感到一股异常的力量，使他立刻在那小孩面前跪了下来。

那小孩向巨人笑笑，对他说：“你让我在你花园里玩过一次，今天我也让你到我的花园里去玩一次吧，那里可是乐园呢!”

那天下午，孩子们依旧跑进花园里来玩耍，但是却看见巨人死在了树下，身上覆盖着白花。

附录

林徽因精选文集

你是人间的四月天①

——一句爱的赞颂

我说你是人间的四月天；
笑响点亮了四面风；轻灵
在春的光艳中交舞着变

你是四月早天里的云烟
黄昏吹着风的软，星子在
无意中闪，细雨点洒在花前

那轻，那娉婷，你是，鲜妍

① 发表于 1934 年 5 月《文学》第 1 卷第 1 期。

百花的冠冕你戴着，你是
天真，庄严，你是夜夜的月圆
雪化后那片鹅黄，你像；新鲜
初放芽的绿，你是；柔嫩喜悦
水光浮动着你梦中期待的白莲

你是一树一树的花开，是燕
在梁间呢喃，——你是爱，是暖
是希望，你是人间的四月天！

谁爱这不息的变幻①

谁爱这不息的变幻，她的行径？
催一阵急雨，抹一天云霞，月亮，
星光，日影，在在都是她的花样。
更不容峰峦与江海偷一刻安定。
骄傲的，她奉着那荒唐的使命：
看花放蕊树凋零，娇娃做了娘；
叫河流凝成冰雪，天地变了相；
都市喧哗，再寂成广漠的夜静！
虽说千万年在她掌握中操纵，
她不曾遗忘一丝毫发的卑微。
难怪她笑永恒是人们造的谎，
来抚慰恋爱的消失，死亡的痛。
但谁又能参透这幻化的轮回，
谁又能大胆的爱过这伟大的变幻？

香山，四月十二日

---

① 发表于1931年4月《诗刊》第2期。

八月的忧愁①

黄水塘里游着白鸭，
高粱梗油青的刚高过头，
这跳动的心怎样安插，
田里一窄条路，八月里这忧愁？

天是昨夜雨洗过的，山岗
照着太阳又留一片影；
羊跟着放羊的转进村庄，
一大棵树荫下罩着井，又像是心！

从没有人说过八月什么话，
夏天过去了，也不到秋天。
但我望着田垄，土墙上的瓜，
仍不明白生活同梦怎样的连牵。

二十五年②夏末

① 发表于1936年9月30日《大公报·文艺副刊》第224期。
② 此处为民国纪年，即1936年，下同。

一首桃花[①]

桃花，
那一树的嫣红，
像是春说的一句话：
朵朵露凝的娇艳，
是一些
玲珑的字眼，
一瓣瓣的光致，
又是些
柔的匀的吐息；
含着笑，
在有意无意间，
生姿的顾盼。
看，——
那一颤动在微风里，
她又留下，淡淡的，
在三月的薄唇边，
一瞥，
一瞥多情的痕迹！

二十年五月，香山

① 发表于1931年10月《诗刊》第3期。

深夜里听到乐声[①]

这一定又是你的手指，
轻弹着，
在这深夜，稠密的悲思：

我不禁颊边泛上了红，
静听着，
这深夜里弦子的生动。

一声听从我心底穿过，
忒凄凉
我懂得，但我怎能应和？

生命早描定她的式样，
太薄弱
是人们的美丽的想象。

除非在梦里有这么一天，
你和我
同来攀动那根希望的弦。

---

① 发表于1931年9月《新月诗选》。

山中的一个夏夜①

山中一个夏夜，深得
像没有底一样；
黑影，松林密密的：
周围没有点光亮。
对山闪着只一盏灯——两盏
像夜的眼，夜的眼在看！

满山的风全蹑着脚
像是走路一样；
躲过了各处的枝叶
各处的草，不响。
单是流水，不断的在山谷上
石头的心，石头的口在唱。

虫鸣织成那一片静，寂寞
像垂下的帐幔；
仲夏山林在内中睡着，
幽香在四下里浮散。
黑影枕着黑影，默默的无声，

---

① 发表于1933年6月《新月》第4卷第7期。

夜的静，却有夜的耳在听！

一九三一年（据手稿①）

六点钟在下午②

用什么来点缀
六点钟在下午？
六点钟在下午
点缀在你生命中，
仅有仿佛的灯光，
褪败的夕阳，窗外
一张落叶在旋转！
用什么来陪伴
六点钟在下午？
六点钟在下午
陪伴着你在暮色里闲坐。
等光走了，影子变换，
一支烟，为小雨点
继续着，无所盼望！

---

① 诗中的第三节据作者修改后的手稿排印。1933 年此诗首次发表时第三节内容和此处不同。

② 发表于 1948 年 2 月 22 日《经世日报·文艺周刊》第 58 期。

静坐[①]

冬有冬的来意，
寒冷像花，——
花有花香，冬有回忆一把。
一条枯枝影，青烟色的细瘦，
在午后的窗前拖过一笔画；
寒里日光淡了，渐斜……
就是那样地
像待客人说话
我在静沉中默啜着茶。

二十五年冬十一月

① 发表于1937年1月31日《大公报·文艺副刊》第293期。

深笑[①]

是谁笑得那样甜，那样深，
那样圆转？一串一串明珠
大小闪着光亮，迸出天真！
清泉底浮动，泛流到水面上，
灿烂，
分散！

是谁笑得好花儿开了一朵？
那样轻盈，不惊起谁。
细香无意中，随着风过，
拂在短墙，丝丝在斜阳前
挂着
留恋。

是谁笑成这百层塔高耸，
让不知名鸟雀来盘旋？是谁
笑成这万千个风铃的转动，
从每一层琉璃的檐边
摇上
云天？

---

① 发表于 1936 年 1 月 5 日《大公报 · 文艺副刊》第 27 期。

十月独行[①]

像个灵魂失落在街边，
我望着十月天上十月的脸，
我向雾里黑影上涂热情
悄悄地看一团流动的月圆。

我也看人流着流着过去来回
黑影中冲着波浪翻星点
我数桥上栏杆龙样头尾，
像坐一条寂寞船，自己拉纤。

我像哭，像自语，我更自己抱歉！
自己焦心，同情，一把心紧似琴弦，——
我说哑的，哑的琴我知道，一出曲子
未唱，幻望的手指终未来在上面？

---

① 发表于1937年3月7日《大公报·文艺副刊》第307期。

莲灯[①]

如果我的心是一朵莲花
正中擎出一支点亮的蜡
荧荧虽则单是那一剪光
我也要它骄傲的捧出辉煌
不怕它只是我个人的莲灯
照不见前后崎岖的人生——
浮沉它依附着人海的浪涛
明暗自成了它内心的秘奥
单是那光一闪花一朵——
像一叶轻舸驶出了江河——
宛转它漂随命运的波涌
等候那阵阵风向远处推送
算做一次过客在宇宙里
认识这玲珑的生从容的死
这飘忽的途程也就是个——
也就是个美丽美丽的梦。

二十一年七月半，香山

---

① 发表于1933年3月《新月》第4卷第6期。

仍然①

你舒伸得像一湖水向着晴空里
白云，又像是一流冷涧，澄清
许我循着林岸穷究你的泉源：
我却仍然怀抱着百般的疑心
对你的每一个映影！

你展开像个千瓣的花朵！
鲜妍是你的每一瓣，更有芳沁，
那温存袭人的花气，伴着晚凉：
我说花儿，这正是春的捉弄人，
来偷取人们的痴情！

你又学叶叶的书篇随风吹展，
揭示你的每一个深思；每一角心境，
你的眼睛望着，我不断地在说话：
我却仍然没有回答，一片的沉静
永远守住我的魂灵

---

① 发表于1931年4月《诗刊》第2期。

那一晚①

那一晚我的船推出了河心，
澄蓝的天上托着密密的星。
那一晚你的手牵着我的手，
迷惘的星夜封锁起重愁。
那一晚你和我分定了方向，
两人各认取个生活的模样。

到如今我的船仍然在海面漂，
细弱的桅杆常在风涛里摇。
到如今太阳只在我背后徘徊，
层层的阴影留守在我周围。
到如今我还记着那一晚的天，
星光、眼泪、白茫茫的江边！
到如今我还想念你岸上的耕种：
红花儿黄花儿朵朵的生动。

那一天我希望要走到了顶层，
蜜一般酿出那记忆的滋润。
那一天我要挎上带羽翼的箭，

① 发表于1931年4月《诗刊》第2期。

望着你花园里射一个满弦。
那一天你要听到鸟般的歌唱，
那便是我静候着你的赞赏。
那一天你要看到零乱的花影，
那便是我私闯入当年的边境！

雨后天[1]

我爱这雨后天，
这平原的青草一片！
我的心没底止的跟着风吹，
风吹：
吹远了香草，落叶，
吹远了一缕云，像烟——
像烟。

二十一年十月一日

① 发表于1936年3月15日《大公报·文艺副刊》第110期。

过杨柳[1]

反复的在敲问心同心，
彩霞片片已烧成灰烬，
街的一头到另一条路，
同是个黄昏扑进尘土。

愁闷压住所有的新鲜，
奇怪街边此刻还看见，
混沌中浮出光妍的纷纠，
死色楼前垂一棵杨柳！

二十五年十月一日

① 发表于1936年11月1日《大公报·文艺副刊》第241期。

风筝[1]

看，那一点美丽
会闪到天空！
几片颜色，
挟住双翅，
心，缀一串红。

飘摇，它高高的去，
逍遥在太阳边
太空里闪
一小片脸，
但是不，你别错看了
错看了它的力量，
天地间认得方向！
它只是
轻的一片，
一点子美
像是希望，又像是梦；
一长根丝牵住
天穹，渺茫——

① 发表于1936年2月14日《大公报·文艺副刊》第39期。

高高推着它舞去，
白云般飞动，
它也猜透了不是自己，
它知道，知道是风！

正月十一日

激昂[1]

我要借这一时的豪放
和从容，灵魂清醒的
在喝一泉甘甜的鲜露，
来挥动思想的利剑，
舞它那一瞥最敏锐的
锋芒，像皑皑塞野的雪
在月的寒光下闪映，
喷吐冷激的辉艳；——斩，
斩断这时间的缠绵，
和猥琐网布的纠纷，
剖取一个无瑕的透明，
看一次你，纯美，
你的裸露的庄严。
……
然后踩登
任一座高峰，攀牵着白云
和锦样的霞光，跨一条
长虹，瞰临着澎湃的海，

① 发表于1931年9月《北斗》创刊号。

在一穹匀净的澄蓝里，
书写我的惊讶与欢欣，
献出我最热的一滴眼泪，
我的信仰，至诚，和爱的力量，
永远膜拜，
膜拜在你美的面前！

五月，香山

情愿[①]

我情愿化成一片落叶，
让风吹雨打到处飘零；
或流云一朵，在澄蓝天，
和大地再没有些牵连。

但抱紧那伤心的标志，
去触遇没着落的怅惘；
在黄昏，夜班，蹑着脚走，
全是空虚，再莫有温柔；

忘掉曾有这世界、有你；
哀悼谁又曾有过爱恋；
落花似的落尽，忘了去
这些个泪点里的情绪。

到那天一切都不存留，
比一闪光、一息风更少
痕迹，你也要忘掉了我
曾经在这世界里活过。

---

① 发表于1931年9月《新月诗选》。

去春[①]

不过是去年的春天，花香，
红白的相间着一条小曲径，
在今天这苍白的下午，再一次登山
回头看，小山前一片松风
就吹成长长的距离，在自己身旁。

人去时，孔雀绿的园门，白丁香花，
相伴着动人的细致，在此时，
又一次湖水将解的季候，已全变了画。
时间里悬挂，迎面阳光不来，
就是来了也是斜抹一行沉寂记忆，树下。

---

① 发表于 1937 年 7 月《文学杂志》第 1 卷第 4 期。

除夕看花[1]

新从嘈杂着异乡口调的花市上买来，
碧桃雪白的长枝，同血红般山茶花。
着自己小角隅再用精致鲜艳来结采，
不为着锐的伤感，仅是钝的还有剩余下！

明知道房里的静定，像弄错了季节，
气氛中故乡失得更远些，时间倒着悬挂；
过年也不像过年，看车灯笼在燃烧着点点血，
帘垂花下已记不起旧时热情，旧日的话。

如果心头在旋转着熟识旧时的芳菲，
模糊如条小径越过无数道篱笆，
纷纭的花叶枝条，草看弄得人昏迷，
今日的脚步，再不甘重踏上前时的泥沙。

月色已冻住，指着各处山头，河水更凌乱，
关心的是马蹄平原上辛苦，无响的刻画，
除夕的花已不是花，仅一句言语梗在这里，
抖战着千万的忧患，每个心头上牵挂。

---

① 发表于1939年6月28日香港《大公报·文艺副刊》。

笑①

笑的是她的眼睛，口唇；
和唇边浑圆的漩涡。
艳丽如同露珠，
朵朵的笑向，
贝齿的闪光里躲。
那是笑，——神的笑，美的笑；
水的映影，风的轻歌。

笑的是她惺忪的鬈发，
散乱的挽着她耳朵。
轻轻如同花影，
痒痒的甜蜜，
涌进了你的心窝。
那是笑——诗的笑，画的笑；
云的留痕，浪的柔波。

---

① 发表于 1931 年 9 月《新月诗选》。

诗（三首）[1]

给秋天

正与生命里一切相同，
我们爱得太是匆匆；
好像只是昨天，
你还在我的窗前！

笑脸向着晴空
你的林叶笑声里染红
你把黄光当金子般散开
稚气，豪侈，你没有悲哀。

你的红叶是亲切的牵绊，那凌乱
每早必来缠住我的晨光。
我也吻你，不顾你的背影隔过玻璃！
你常淘气的闪过，却不对我忸怩。

可是我爱的多么疯狂，
竟未觉察凄厉的夜晚
已在背后尾随，——

---

① 发表于 1947 年 5 月 4 日《大公报·文艺副刊》。

等候着把你残忍的摧毁！

一夜呼号的风声
果然没有把我惊醒
等到太晚的那个早晨
啊。 天！你已经不见了踪影。

我苛刻的咒诅自己
但现在有谁走过这里
除却严冬铁样长脸
阴雾中，偶然一见。

人生

人生，
你是一支曲子，
我是歌唱的；

你是河流
我是条船，一片小白帆
我是个行旅者的时候，
你，田野，山林，峰峦。
无论怎样，
颠倒密切中牵连着
你和我，

我永从你中间经过；

我生存，
你是我生存的河道，
理由同力量。
你的存在
则是我胸前心跳里
五色的绚彩
但我们彼此交错
并未彼此留难。
……
现在我死了，
你，——
我把你再交给他人负担！

展缓

当所有的情感
都并入一股哀怨
如小河，大河，汇向着
无边的大海，——不论
怎么冲急，怎样盘旋，——
那河上劲风，大小石卵，
所做成的几处逆流，
小小港湾，就如同

那生命中，无意的宁静
避开了主流；情绪的
平淡越出了悲愁。

停吧，这奔驰的血液；
它们不必全然废弛的
都去造成眼泪。
不妨多几次辗转，溯回流水，
任凭眼前这一切缭乱，
这所有，去建筑逻辑。
把绝望的结论，稍稍
迟缓，拖延时间，——
拖延理智的判断，——
会再给纯情感一种希望！

中夜钟声[①]

钟声
敛住又敲散
一街的荒凉
听——
那圆的一颗颗声响
直沉下时间
静寂的
咽喉

像哭泣
像哀恸
将这僵黑的
中夜
葬入
那永不见曙星的
空洞——

轻——重，……
——重——轻……

---

① 发表于 1933 年 3 月《新月》第 4 卷第 6 期。

这摇曳的一声声。
又凭谁的主意
把那剩余的忧惶
随着冷风——
纷纷
掷给还不成梦的人。

年关[1]

哪里来，又向哪里去？
这不断，不断的行人，
奔波杂沓的，这车马？
红的灯光，绿的紫的，
织成了这可怕，还是
可爱的夜？高的楼影，
渺茫天上，都象征些
什么现象？这聒噪中，
为什么又凝着这沉静，
这热闹里，会是凄凉？

这是年关，年关。
有人由街头走着，估计着，
孤零的影子斜映着。
一年，又是一年辛苦，
一盘子算珠的艰和难。
日中，你敛住气，
夜里，你喘，

---

① 发表于1934年2月21日《大公报·文艺副刊》第43期。

一条街，一条街，
跟着太阳、灯光往返；——
人和人，好比水在流
人是水，两旁楼是山！

一年，一年，连年里，
这穿过城市胸腑的辛苦，
成千万，成千万人流的血汗，
才会造成了像今夜
这神奇可怕的灿烂！
看，街心里横一道影
灯盏上开着血印的花
夜在凉雾和尘沙中
进展，展进，
许多口里
在喘着年关，年关……

二十三年废历除夕

灵感[①]

是你，是花，是梦，打这儿过，
此刻像风在摇动着我；
告诉日子重叠盘盘的山窝；
清泉潺潺流动转狂放的河；
孤僻林里闲开着鲜妍花，
细香常伴着圆月静天里挂；
且有神仙纷纭的浮出紫烟，
衫裾飘忽映影在山溪前；
给人的理想和理想上
铺香花，叫人心和心合着唱；
直到灵魂舒展成条银河，
长长流在天上一千首歌！

是你，是花，是梦，打这里儿过，
此刻像风，在摇动着我；
告诉日子是这样的不清醒；
当中偏响着想不到的一串铃，
树枝里轻声摇曳；金镶上翠，
低了头的斜阳，又一抹光辉。

---

① 此诗据手稿，作者生前并未发表。

难怪阶前人忘掉黄昏，脚下草，
高阁古松，望着天上点骄傲；
留下檀香，木鱼，合掌
在神龛前，在蒲团上，
楼外又楼外，幻想彩霞却缀成
凤凰栏杆，挂起了塔顶上灯！

二十四年十月徽因作于北平

昼梦[1]

昼梦
垂着纱
无从追寻那开始的情绪
还未曾开花；
柔韧得像一根
乳白色的茎，缠住
纱帐下；银光
有时映亮，去了又来；
盘盘丝络
一半失落在梦外。

花竟开了，开了；
零落的攒集，
从容的舒展
一朵，那千百瓣！
抖擞那不可言喻的
刹那情绪，
庄严峰顶——

---

① 发表于1936年8月30日《大公报·文艺副刊》第206期。

天上一颗星……

晕紫，深赤，

天空外旷碧，

是颜色同颜色浮溢，腾飞……

深沉，

又凝定——

悄然香馥，

袅娜一片静。

昼梦

垂着纱，

无从追踪的情绪

开了花；

四下里香深

低覆着禅寂，

间或游丝似的摇移，

悠忽一重影；

悲哀或不悲哀

全是无名，

一闪娉婷。

二十五年暑中，北平

秋天，这秋天[①]

这是秋天，秋天，
风还该是温软；
太阳仍笑着那微笑，
闪着金银，夸耀
他实在无多了的
最奢侈的早晚！
这里那里，在这秋天，
斑彩错置到各处
山野，和枝叶中间，
像醉了的蝴蝶，或是
珊瑚珠翠，华贵的失散，
缤纷降落到地面上。
这时候心得像歌曲，
由山泉的水光里闪动，
浮出珠沫，溅开
山石的喉嗓唱。
这时候满腔的热情
全是你的，秋天懂得，

---

① 发表于1933年11月18日《大公报·文艺副刊》第17期。

秋天懂得那狂放，——
秋天爱的是那不经意
不经意的凌乱！

但是秋天，这秋天，
他撑着梦一般的喜筵，
不为的是你的欢欣：
他撒开手，一掬璎珞，
一把落花似的幻变，
还为的是那不定的
悲哀，归根儿蒂结住
在这人生的中心！
一阵萧萧的风，起自
昨夜西窗的外沿，
摇着梧桐树哭。——
起始你怀疑着：
荷叶还没有残败；
小划子停在水流中间；
夏夜的细语，夹着虫鸣，
还信得过仍然偎着
耳朵旁温甜；
但是梧桐叶带来桂花香，
已打到灯盏的光前。
一切都两样了，他闪一闪说，

只要一夜的风，一夜的幻变。
冷雾迷住我的两眼，
在这样的深秋里，
你又同谁争？现实的背面
是不是现实，荒诞的，
果属不可信的虚妄？
疑问抵不住简单的残酷，
再别要悯惜流血的哀惶，
趁一次里，要认清
造物更是摧毁的工匠。
信仰只一细炷香，
那点子亮再经不起西风
沙沙的隔着梧桐树吹！
如果你忘不掉，忘不掉
那同听过的鸟啼；
同看过的花好，信仰
该在过往的中间安睡。……
秋天的骄傲是果实，
不是萌芽，——生命不容你
不献出你积累的馨芳；
交出受过光热的每一层颜色；
点点沥尽你最难堪的酸怆。
这时候，

切不用哭泣；或是呼唤；
更用不着闭上眼祈祷；
（向着将来的将来空等盼）；
只要低低的，在静里，低下去
已困倦的头来承受，——承受
这叶落了的秋天
听风扯紧了弦索自歌挽：
这夜，这夜，这惨的变换！

二十二年十一月中旬

城楼上①

你说什么？
鸭子，太阳，
城墙下那护城河？
——我？
我在想，
——不是不在听——
想怎样
从前，……
——
对了。
也是秋天！
你也曾去过，
你？那小树林？
还记得吗：
山窝，红叶像火？
映影
湖心里倒浸，
那静？

---

① 发表于1935年11月8日《大公报·文艺副刊》第39期。

天！……

（今天的多蓝，你看！）

白云，

像一缕烟。

谁又啰唆？

你爱这里城墙，

古墓，长歌，

蔓草里开野花朵。

好，我不再讲

从前的，单想

我们在古城楼上

今天，——

白鸽，（你准知道是白鸽？）

飞过面前。

二十四年十月

冥思[①]

心此刻同沙漠一样平，
思想像孤独的一个阿拉伯人；
仰脸孤独地向天际望
落日远边奇异的霞光，
安静的，又侧个耳朵听
远处一串骆驼的归铃。

在这白色的周遭中，
一切像凝冻的雕形不动；
白袍，腰刀，长长的头巾，
浪似的云天，沙漠上风！
偶有一点子振荡闪过天线，
残霞边一颗星子出现。

二十五年夏末

---

① 发表于1936年12月13日《大公报·文艺副刊》第265期。

红叶里的信念[①]

年年不是要看西山的红叶，
谁敢看西山红叶？
不是要听异样的鸟鸣，
停在那一个静幽的树枝头，
是脚步不能自已的走——
走，迈向理想的山坳子

寻觅从未曾寻着的梦：
一茎梦里的花，一种香，
斜阳四处挂着，风吹动，
转过白云，小小一角高楼。
钟声已在脚下，
松同松并立着等候，
山野已然百般渲染豪侈的深秋。
梦在哪里，你的一缕笑，
一句话，在云浪中寻遍，
不知落到哪一处？
流水已经渐渐的清寒，
载着落叶穿过空的石桥，

---

① 发表于1937年1月《新诗》第4期。

白栏杆，
叫人不忍再看，
红叶去年同踏过的脚迹火一般。

好，抬头，这是高处，心卷起
随着那白云浮过苍茫，
别计算在哪里驻脚，去，
相信千里外还有霞光，像希望，
记得那烟霞颜色，
就不为编织美丽的明天，
为此刻空的歌唱，
空的凄恻，
空的缠绵，
也该放多一点勇敢，
不怕连牵斑驳金银般旧积的创伤！

再看红叶每年，
山重复的流血，山林，
石头的心胸从不倚借梦支撑，
夜夜风像利刃削过大土壤，
天亮时沉默焦灼的唇，
忍耐的仍向天蓝，
呼唤瓜果风霜中完成，
呈光彩，

自己山头流血，变坟台！
平静，我的脚步，慢点儿去，
别相信谁曾安排下梦来！

一路上枯枝，鸟不曾唱，
小野草香风早不是春天。
停下！停下！
风同云，水同水藻全叫住我，
说梦在背后；
蝴蝶秋千理想的山坳同这当前现实的
石头子路还缺个牵连！
愈是山中奇妍的黄月光挂出树尖，
愈得相信梦，
梦里斜晖一茎花是谎！

但心不信！空虚的骄傲秋风中旋转，
心仍叫喊理想的爱和美，
同白云角逐；同斜阳笑吻；同树，
同花，同香，
乃至同秋虫石隙中悲鸣，
要携手去；
同奔跃嬉游水面的青蛙，
盲目的再去寻盲目日子，——
要现实的热情另涂图画，

要把满山红叶采作花！

这萧萧瑟瑟不断的呜咽，
掠过耳鬓也还卷着温存，
影子在秋光中摇曳，
心再不信光影外有串疑问！
心仍不信，只因是午后，
那片竹林子阳光穿过
照暖了石头，赤红小山坡，
影子长长两条，你同我
曾经参差那亭子石路前，
浅碧波光老树干旁边！

生命中的谎再不能比这把颜色更鲜艳！
记得那一片黄金天，
珊瑚般玲珑叶子秋风里挂，
即使自己感觉内心流血，
又怎样个说话？
谁能问这美丽的后面是什么？
赌博时，眼闪亮，
从不悔那猛上孤注的力量；
都说任何苦痛去换任何一分，
一毫，一个纤微的理想！

所以脚步此刻仍在迈进，

不能自己，不能停！虽然山中
一万种颜色，一万次的变，
各种寂寞已环抱着孤影：
热的减成微温，温的又冷，
焦黄叶压踏在脚下碎裂，
残酷地散排昨天的细屑，
心却仍不问脚步为甚固执，
那寻不着的梦中路线，——
仍依恋指不出方向的一边！

西山，我发誓地，指着西山，
别忘记，今天你，我，红叶，
连成这一片血色的伤怆！
知道我的日子仅是匆促的
几天，如果明年你同红叶
再红成火焰，我却不见……
深紫，你山头须要多添
一缕抑郁热情的象征，
记下我曾为这山中红叶，
今天流血地存一堆信念！

题剔空菩提叶①

认得这透明体，
智慧的叶子掉在人间？
消沉，慈净——
那一天一闪冷焰，
一叶无声的坠地，
仅证明了智慧寂寞
孤零的终会死在风前！
昨天又昨天，美
还逃不出时间的威严；
相信这里睡眠着最美丽的
骸骨，一丝魂魄月边留念，——
……
菩提树下清荫则是去年！

二十五年四月二十三日

① 发表于1936年5月17日《大公报·文艺副刊》第146期。

时间[①]

人间的季节永远不断在转变
春时你留下多处残红，翩然辞别，
本不想回来时同谁叹息秋天！

现在连秋云黄叶又已失落去
辽远里，剩下灰色的长空一片
透彻的寂寞，你忍听冷风独语？

① 发表于1937年3月14日《大公报·文艺副刊》第310期。

记忆[1]

断续的曲子，最美或最温柔的
夜，带着一天的星。
记忆的梗上，谁不有
两三朵娉婷，披着情绪的花
无名的展开
野荷的香馥，
每一瓣静处的月明。
湖上风吹过，额发乱了，或是
水面皱起像鱼鳞的锦。
四面里的辽阔，如同梦
荡漾着中心彷徨的过往
不着痕迹，谁都
认识那图画，
沉在水底记忆的倒影！

二十五年二月

---

① 发表于1936年3月22日《大公报·文艺副刊》第114期。

无题[①]

什么时候再能有
那一片静；
溶溶在春风中立着，
面对着山，面对着小河流？

什么时候还能那样
满掬着希望；
披拂新绿，耳语似的诗思，
登上城楼，更听那一声钟响？

什么时候，又什么时候，心
才真能懂得
这时间的距离；山河的年岁；
昨天的静，钟声
昨天的人
怎样又在今天里划下一道影！

二十五年春四月

① 发表于 1936 年 5 月 3 日《大公报·文艺副刊》第 138 期。

黄昏过泰山①

记得那天
心同一条长河，
让黄昏来临，
月一片挂在胸襟。
如同这青黛山，
今天，
心是孤傲的屏障一面；
葱郁，
不忘却晚霞，
苍莽，
却听脚下风起，
来了夜——

① 发表于1936年7月19日《大公报·文艺副刊》第182期。

哭三弟恒①

——一九四一年空战阵亡

弟弟，我没有适合时代的语言
来哀悼你的死；
它是时代向你的要求，
简单的，你给了。
这冷酷简单的壮烈是时代的诗
这沉默的光荣是你。

假使在这不可免的真实上
多给了悲哀，我想呼喊，
那是——你自己也明了——
因为你走得太早，
太早了，弟弟，难为你的勇敢，
机械的落伍，你的机会太惨！

三年了，你阵亡在成都上空，
这三年的时间所做成的不同，
如果我向你说来，你别悲伤，
因为多半不是我们老国，

---

① 发表于1948年5月《文学杂志》第2卷第12期。

而是他人在时代中碾动，
我们灵魂流血，炸成了窟窿。

我们已有了盟友、物资同军火，
正是你所曾经希望过。
我记得，记得当时我怎样同你
讨论又讨论，点算又点算，
每一天你是那样耐性地等着，
每天却空的过去，慢得像骆驼！

现在驱逐机已非当日你最理想
驾驶的“老鹰式七五”那样——
那样笨，那样慢，啊，弟弟不要伤心，
你已做到你们所能做的，
别说是谁误了你，是时代无法衡量，
中国还要上前，黑夜在等天亮。

弟弟，我已用这许多不美丽言语
算是诗来追悼你，
要相信我的心多苦，喉咙多哑，
你永不会回来了，我知道，
青年的热血做了科学的代替；
中国的悲怆永沉在我的心底。

啊，你别难过，难过了我给不出安慰。

我曾每日那样想过了几回：
你已给了你所有的，同你去的弟兄
也是一样，献出你们的生命；
已有的年轻一切；将来还有的机会，
可能的壮年工作，老年的智慧；

可能的情爱，家庭，儿女，及那所有
生的权利，喜悦；及生的纠纷！
你们给的真多，都为了谁？你相信
今后中国多少人的幸福要在
你的前头，比自己要紧；那不朽
中国的历史，还需要在世上永久。

你相信，你也做了，最后一切你交出。
我既完全明白，为何我还为着你哭？
只因你是个孩子却没有留什么给自己，
小时我盼着你的幸福，战时你的安全，
今天你没有儿女牵挂需要抚恤同安慰，
而万千国人像已忘掉，你死是为了谁！

二十二三年，李庄

别丢掉[1]

别丢掉
这一把过往的热情，
现在流水似的，
轻轻
在幽冷的山泉底，
在黑夜，在松林，
叹息似的渺茫，
你仍要保持着那真！
一样是明月，
一样是隔山灯火，
满天的星，
只使人不见，
梦似的挂起，
你问黑夜要回
那一句话——你仍得相信
山谷中留着
有那回音！

二十一年夏

① 发表于1936年3月15日《大公报·文艺副刊》第110期。

空想（外四章）[1]

终日的企盼企盼正无着落，——
太阳穿窗棂影，种种花样。
暮秋梦远，一首诗似的寂寞，
真怕看光影，花般洒在满墙。

日子悄悄地紧按沉吟的节奏，
尽打动简单曲，像钟摇响。
不是光不流动，花瓣子不点缀时候，
是心漏却忍耐，厌烦了这空想！

你来了

你来了，画里楼阁立在山边，
交响曲由风到风，草青到天！
阳光投多少个方向，谁管？你我
如同画里人掉回头，便就不见！

你来了，花开到深深的深红，
绿萍遮住池塘上一层晓梦，
鸟唱着，树梢交织着交柯，白云

---

① 发表于1936年12月《新诗》第3期。

却是我们，悠忽翻过几重天空！

“九·一八”闲走

天上今早盖着两层灰，
地上一堆黄叶在徘徊，
惘惘的是我跟着凉风转，
荒街小巷，蛇鼠般追随！

我问秋天，秋天似也疑问我：
在这尘沙中又挣扎些什么，
黄雾扼住天的喉咙，
处处仅剩情绪的残破？

但我不信热血不仍在沸腾；
思想不仍铺在街上多少层；
甘心让来往车马狠命的轧压，
待从地面开花，另来一种完整。

藤花前

——独过静心斋

紫藤花开了
轻轻地放着香，
没有人知道，
紫藤花开了

轻轻地放着香，
没有人知道。
楼不管，曲廊不做声，
蓝天里白云行去，
池子一脉静；
水面散着浮萍，
水底下挂着倒影。

紫藤花开了没有人知道！
蓝天里白云行去，小院，
无意中我走到花前。
轻香，风吹过花心，
风吹过我，——
望着无语，紫色点。

旅途中

我卷起一个包袱走，
过一个山坡子松，
又走过一个小庙门。
在早晨最早的一阵风中，
我心里没有埋怨，人或是神；
天底下的烦恼，连我的
拢总，
像已交给谁去，……

前面天空，
山中水那样清，
山前桥那么白净，——
我不知道造物者认不认得
自己图画；
乡下人的笠帽，草鞋，
乡下人的性情。

暑中在山东乡间步行，二十五年夏

前后[1]

河上不沉默的船
载着人过去了；
桥——三环洞的桥基，
上面再添了足迹；
早晨，
早又到了黄昏，
这赓续
绵长的路……
不能问谁
想望的终点，——
没有终点
这前面。
背后，
历史是片累赘！

① 发表于1937年5月16日《大公报·文艺副刊》第336期。

古城黄昏[①]

我见到古城在斜阳中凝神；
城楼望着城墙，
忘却中间一片黄金的殿顶；
十条闹街还散在脚下。
虫蚁一样有无数行人。

我见到古城在黄昏中凝神；
乌鸦聒噪的飞旋。
废苑古柏在困倦中支撑。
无数坛庙寂寞与荒凉，
锁起一座一座剥落的殿门。

我听到古城在薄暮中独语；
僧寺消寂，熄了香火，
钟声沉下，市声里失去，
车马不断扬起年代的尘土，
到处风沙叹息着历史。

① 发表于1948年8月2日《益世报·文学周刊》第103期。

桥[1]

他的使命：

　　南北两岸莽莽两条路的携手；

他的完成

　　不挡江月东西，船只的交流；

他的肩背

　　坚定的让脚步上面经过，找个人的路去；

他的胸怀

　　虚空的环洞，不把江心洪流堵住。

他是座桥：

　　一条大胆的横梁，立脚于茫茫水面；

一堆泥石，

　　辛苦堆积或造形的完美，在自然上边；

一掬理智，

　　适应无数的神奇，支持立体的纪念；

一次人工，

　　矫正了造化的疏忽，将隔绝的重新牵连！

他是座桥，

　　看那平衡两排如同静思的栏杆；

---

① 发表于1948年8月2日《益世报·文学周刊》第103期。

他的力量，

　　两座桥墩下，多粗壮的石头镶嵌；

他的忍耐，

　　容每道车辙刻入脚印已磨光的石板，

他的安闲，

　　岁月增进，让钓翁野草随在身旁。

他的美丽，

　　如同山月的锁钥，正见出人类匠心；

他的心灵，

　　浸入寒波，在一钩倒影里续成圆形。

他的存在，

　　却不为嬉，娥的闲情——而为责任；

他的理想，

　　该寄给人生的行旅者一种虔诚。

孤岛[①]

遥望它是充满画意的山峰
远立在河心里高傲的凌耸
可怜它只是不幸的孤岛，——
天然没有埂堤，人工没搭座虹桥。

他问他的映影永为周围水的囚犯；
陆地于它，是达不到的希望！
早晚寂寞它常将小舟挽住！
风雨时节任江雾把自己隐去。

晴天它挺着小塔，玲珑独对云心；
盘盘石阶，由钟声松林中，超出安静。
特殊的轮廓它苦心孤诣做成，
漠漠大地又哪里去找一点同情？

---

① 发表于1947年1月4日《益世报·文学周刊》第22期。

病中杂诗（九首）[1]

小诗（一）

感谢生命的讽刺嘲弄着我，
会唱的喉咙哑成了无言的歌。
一片轻纱似的情绪，本是空灵，
现时上面全打着拙笨补丁。

肩头上先是挑起两担云彩，
带着光辉要在从容天空里安排；
如今黑压压沉下现实的真相，
灵魂同饥饿的脊梁将一起压断！

我不敢问生命现在人该当如何
喘气！经验已如旧鞋底的穿破，
这纷歧道路上，石子和泥土模糊，
还是赤脚方便，去认取新的辛苦。

小诗（二）

小蚌壳里有所有的颜色；

① 此九首诗创作于不同时间，首次发表于1948年5月《文学杂志》第2卷第12期，以《病中杂诗》（九首）为诗名。

整一条虹藏在里面。
绚彩的存在是他的秘密，
外面没有夕阳，也不见雨点。

黑夜天空上只一片渺茫；
整宇宙星斗那里闪亮，
远距离光明如无边海面，
是每小粒晶莹，给了你方向。

恶劣的心绪

我病中，这样缠住忧虑和烦忧，
好像西北冷风，从沙漠荒原吹起，
逐步吹入黄昏街头巷尾的垃圾堆；
在霉腐的琐屑里寻讨安慰，
自己在万物消耗以后的残骸中惊骇，
又一点一点给别人扬起可怕的尘埃！

吹散记忆正如陈旧的报纸飘在各处彷徨，
破碎支离的记录只颠倒提示过去的骚乱。
多余的理性还像一只饥饿的野狗
那样追着空罐同肉骨，自己寂寞的追着
咬嚼人类的感伤；生活是什么都还说不上来，
摆在眼前的已是这许多渣滓！
我希望：风停了；今晚情绪能像一场小雪，

沉默的白色轻轻降落地上；
雪花每片对自己和他人都带一星耐性的仁慈，
一层一层把恶劣残破和痛苦的一起掩藏；
在美丽明早的晨光下，焦心暂不必再有，——
绝望要来时，索性是雪后残酷的寒流！

三十六年十二月病中动手术前

写给我的大姊

当我去了，还有没说完的话，
好像客人去后杯里留下的茶；
说的时候，同喝的机会，都已错过，
主客黯然，可不必再去惋惜它。
如果有点感伤，你把脸掉向窗外，
落日将尽时，西天上，总还留有晚霞。
一切小小的留恋算不得罪过，
将尽未尽的衷曲也是常情。
你原谅我有一堆心绪上的闪躲，
黄昏时承认的，否认等不到天明；
有些话自己也还不曾说透，
他人的了解是来自直觉的会心。
当我去了，还有没说完的话，
像钟敲过后，时间在悬空里暂挂，
你有理由等待更美好的继续；

对忽然的终止，你有理由惧怕。
但原谅吧，我的话语永远不能完全，
亘古到今情感的矛盾做成了嘶哑。

一天

今天十二个钟头，
是我十二个客人，
每一个来了，又走了，
最后夕阳拖着影子也走了！
我没有时间盘问我自己胸怀，
黄昏却蹑着脚，好奇地偷着进来！
我说，朋友，这次我可不对你诉说啊，
每次说了，伤我一点骄傲。
黄昏黯然，无言地走开，
孤单的，沉默的，我投入夜的怀抱。

一九四二年春，李庄

对残枝

梅花你这些残了后的枝条，
是你无法诉说的哀愁！
今晚这一阵雨点落过以后，

我关上窗子又要同你分手。
但我幻想夜色安慰你伤心，

下弦月照白了你，最是同情，
我睡了，我的诗记下你的温柔，
你不妨安心放芽去做成绿荫。

对北门街园子

别说你寂寞；大树拱立，
草花烂漫，一个园子永远
睡着；没有脚步的走响。

你树梢盘着飞鸟，每早云天
吻你额前，每晚你留下对话，
正是西山最好的夕阳。

十一月的小村

我想象我在轻轻的独语：
十一月的小村外是怎样个去处？
是这渺茫江边淡泊的天，
是这映红了的叶子疏疏隔着雾；
是乡愁，是这许多说不出的寂寞；
还是这条独自转折来去的山路？
是村子迷惘了，绕出一丝丝青烟；
是那白沙一片篁竹围着的茅屋？
是枯柴爆裂着灶火的声响，
是童子缩颈落叶林中的歌唱？

是老农随着耕牛，远远过去，
还是那坡边零落在吃草的牛羊？
是什么做成这十一月的心，
十一月的灵魂又是谁的病？
山坳子叫我立住的仅是一面黄土墙；
下午透过云霾那点子太阳！
一棵野藤绊住一角老墙头，斜睨
两根青石架起的大门，倒在路旁
无论我坐着，我又走开，
我都一样心跳；我的心前
虽然烦乱，总像绕着许多云彩，
但寂寂一湾水田，这几处荒坟，
它们永说不清谁是这一切主宰
我折一根柱枝，看下午最长的日影
要等待十一月的回答微风中吹来。

一九四四年初冬，李庄

忧郁

忧郁自然不是你的朋友；
但也不是你的敌人， 你对他不能冤屈！
他是你强硬的债主， 你呢？是
把自己灵魂给他的赌徒。

你曾那样拿理想赌博， 不幸

你输了；　放下精神最后保留的田产，
最有价值的衣裳，　然后一切你都
赔上，　连自己的情绪和信仰，　那不是自然？

你的债权人他是，　那么，　别净问他脸貌
到底怎样！呀天，　你如果一定要看清
今晚这里有盏小灯，　灯下你无妨同他
面对面，　你是这样的绝望，　他是这样无情！

昆明即景[1]

一茶铺

这是立体的构画，
描在这里许多样脸
在顺城脚的茶铺里
隐隐起喧腾声一片。

各种的姿势，生活
刻画着不同方面：
茶座上全坐满了，笑的，
皱眉的，有的抽着旱烟。

老的，慈祥的面纹，
年轻的，灵活的眼睛，
都暂要时间茶杯上
停住，不再会扰乱心情！

一天一整串辛苦，
此刻才赚回小把安静，
夜晚回家，还有远路，

---

① 发表于1948年2月22日《经世日报·文艺周刊》第58期。

白天，谁有工夫闲看云影？

不都为着真的口渴，
四面窗开着，喝茶，
跷起膝盖的是疲乏，
赤着臂膀好同乡邻闲话。

也为了放下扁担同肩背
向运命喘息，倚着墙，
每晚靠这一碗茶的生趣
幽默估量生的短长……

这是立体的构画，
设色在小生活旁边，
荫凉南瓜棚下茶铺，
照样热闹地又过了一天！

二小楼

张大爹临街的矮楼，
半藏着，半挺着，立在街头，
瓦覆着它，窗开一条缝，
夕阳染红它，如写下古远的梦。

矮檐上长点草，也结过小瓜，
破石子路在楼前，无人种花，

是老坛子，瓦罐，大小的相伴；
尘垢列出许多风趣的凌乱。

但张大爹走过，不吟咏它好；
大爹自己(上年纪了)不相信古老。
他拐着杖常到隔壁沽酒，
宁愿过桥，土堤去看新柳！

一串疯话[①]

好比这树丁香，几支山红杏
相信我的心里留着一串话
绕着许多叶子，青青的沉静
风露日夜，只盼五月来开开花

如果你是五月，八百里为我吹开
蓝空上霞彩，那样子来了春天
忘掉腼腆，我定要转过脸来。
把一串疯话全说在你的面前。

① 发表于1948年2月22日《经世日报·文艺周刊》第58期。

吊玮德[1]

玮德，是不是那样，
你觉到乏了，有点儿
不耐烦，
并不为别的缘故
你就走了，
向着哪一条路？
玮德你真是聪明；
早早地让花开过了
那顶鲜妍的几朵，
就选个这样春天的清晨，
挥一挥袖
对着晓天的烟霞
走去，轻轻地，轻轻地
背向着我们。
春风似的不再停住！

春风似的吹过，
你却留下
永远的那么一颗
少年人的信心；

---

① 发表于1935年6月《文艺月刊》第7卷第6期。

少年的微笑
和悦的
洒落在别人的新枝上。
我们骄傲
你这骄傲
但你，玮德，独不惆怅
我们这一片
懦弱的悲伤？

黯淡是这人间
美丽不常走来
你知道。
歌声如果有，也只在
几个唇边旋转！
一层一层尘埃，
凄怆是各样的安排，
即使狂飙不起，狂飙不起，
这远近苍茫，
雾里狼烟，
谁还看见花开！

你走了，你也走了，
尽走了，再带着去
那些儿馨芳，
那些歌嘹亮，

明天再明天，此后
寂寞的平凡中
都让谁来支持？
一星星理想，难道
从此都空挂到天上？

玮德你真是个诗人
你是这般年轻，好像
天方放晓，钟刚敲响……
你却说倦了，有点儿
不耐烦忍心，
一条虹桥由中间折断，
情愿听杜鹃啼唱，
相信有明月长照，
寒光水底能依稀映成
那一半连环
憧憬中
你诗人的希望！
玮德是不是那样
你觉得乏了，人间的怅惘
你不管
莲叶上笑着展开
浮烟似的诗人的脚步。
你只相信天外那一条路？

二十四年五月十日，北平

我们的雄鸡①

我们的雄鸡从没有以为
自己是孔雀
自信他们鸡冠已够他
仰着头漫步——
一个院子他绕上了一遍
仪表风姿
都在群雌的面前！

我们的雄鸡从没有以为
自己是首领
晓色里他只扬起他的呼声
这呼声叫醒了别人
他经济地保留这种叫喊
（保留那规则）
于是便象征了时间！

一九四八年二月十八日清华

① 此诗发表时间不详。

山中[1]

紫色山头抱住红叶，将自己影射在山前，
人在小石桥上走过，渺小的追一点子想念。
高峰外云在深蓝天里镶白银色的光转，
用不着桥下黄叶，人在泉边，才记起夏天！

也不因一个人孤独的走路，路更蜿蜒，
短白墙房舍像画，仍画在山坳另一面，
只这丹红集叶替代人记忆失落的层翠，
深浅团抱这同一个山头，惆怅如薄层烟。

山中斜长条青影，如今红萝乱在四面，
百万落叶火焰在寻觅山石荆草边，
当时黄月下共坐天真的青年人情话，相信
那三两句长短，星子般仍挂秋风里不变。

一九三六年秋

① 发表于1937年1月29日《大公报·文艺副刊》第292期。

古城春景[1]

时代把握不住时代自己的烦恼，——
轻率的不满，就不叫它这时代牢骚——
偏又流成愤怨，聚一堆黑色的浓烟
喷出烟囱，那矗立的新观念，在古城楼对面！

怪得这嫩灰色一片，带疑问的春天
要泥黄色风沙，顺着白洋灰街沿，
再低着头去寻觅那已失落了的浪漫
到蓝布棉帘子，万字栏杆，仍上老店铺门槛？

寻去，不必有新奇的新发现，旧有保障
即使古老些，需要翡翠色甘蔗做拐杖
来支撑城墙下小果摊，那红鲜的冰糖葫芦
仍然光耀，串串如同旧珊瑚，还不怕新时代的尘土。

二十六年春，北平

① 发表于1937年4月《新诗》第2卷第1期。

微光①

街上没有光，没有灯，
店廊上一角挂着有一盏；
他和她把他们一家的运命
含糊的。 全数交给这暗淡。

街上没有光，没有灯，
店窗上，斜角，照着有半盏。
合家大小朴实的脑袋，
并排儿，熟睡在土炕上。

外边有雪夜，有泥泞；
砂锅里有不够明日的米粮；
小屋，静守住这微光，
缺乏着生活上需要的各样。

缺的是把干柴；是杯水；麦面……
为这吃的喝的，本说不到信仰，——
生活已然，固定的，单靠气力，
在肩臂上边，来支持那生的胆量。

① 发表于1933年9月27日《大公报·文艺副刊》。

明天，又明天，又明天……
一切都限定了，谁还说希望，——
即使是做梦，在梦里，闪着，
仍旧是这一粒孤勇的光亮？

街角里有盏灯，有点光，
挂在店廊；照在窗槛；
他和她，把他们一家的运命
明白的，全数交给这凄惨。

二十二年九月

悼志摩①

十一月十九日我们的好朋友，许多人都爱戴的新诗人——徐志摩突兀地，不可信的，残酷的，在飞机上遇险而死去。 这消息在二十日的早上像一根针刺触到许多朋友的心上，顿使那一早的天墨一般地昏黑，哀恸的咽哽锁住每一个人的嗓子。

志摩……死……谁曾将这两个句子联在一处想过！他是那样活泼的一个人，那样刚刚站在壮年的顶峰上的一个人。朋友们常常惊讶他的活动，他那像小孩般的精神和认真，谁又会想到他死？

突然的，他闯出我们这共同的世界，沉入永远的静寂，不给我们一点预告，一点准备，或是一个最后希望的余地。这种几乎近于忍心的决绝，那一天不知震麻了多少朋友的心？现在那不能否认的事实，仍然无情地挡住我们前面。任凭我们多苦楚的哀悼他的惨死，多迫切的希冀能够仍然接触到他原来的音容，事实是不会为体贴我们这悲念而有些须更改；这难堪的永远静寂和消沉便是死的最残酷处。

我们不迷信的，没有宗教地望着这死的帷幕，更是丝毫

---

① 原刊 1931 年 12 月 7 日《北平晨报》。

没有把握。张开口我们不会呼吁，闭上眼不会入梦，徘徊在理智和情感的边沿，我们不能预期后会，对这死，我们只是永远发怔，吞咽枯涩的泪；待时间来剥削着哀恸的尖锐，痂结我们每次悲悼的创伤。那一天下午初得到消息的许多朋友不是全跑到胡适之先生家里吗？但是除去拭泪相对，默然围坐外，谁也没有主意，谁也不知有什么话说，对这死！

谁也没有主意，谁也没有话说！事实不容我们安插任何的希望，情感不容我们不伤悼这突兀的不幸，理智又不容我们有超自然的幻想！默然相对，默然围坐……而志摩则仍是死去没有回头，没有音讯，永远地不会回头，永远地不会再有音讯。

我们中间没有绝对信命运之说的，但是对着这不测的人生，谁不感到惊异，对着那许多事实的痕迹又如何不感到人力的脆弱，智慧的有限。世事尽有定数？世事尽是偶然？对这永远的疑问我们什么时候能有完全的把握？

在我们前边展开的只是一堆坚质的事实：

“是的，他十九晨有电报来给我……

“十九早晨，是的！说下午三点准到南苑，派车接……

“电报是九时从南京飞机场发出的……

“刚是他开始飞行以后所发……

“派车接去了，等到四点半……说飞机没有到……

“没有到……航空公司说济南有雾……很大……”只是一个钟头的差别；下午三时到南苑，济南有雾！谁相信就是这一个钟头中便可以有这么不同事实的发生，志摩，我的朋友！

他离平的前一晚我仍见到，那时候他还不知道他次晨南旅的，飞机改期过三次，他曾说如果再改下去，他便不走了的。我和他同由一个茶会出来，在总布胡同口分手。在这茶会里我们请的是为太平洋会议来的一个柏雷博士，因为他是志摩生平最爱慕的女作家曼殊斐儿[①]的姐丈，志摩十分的殷勤；希望可以再从柏雷口中得些关于曼殊斐儿早年的影子，只因限于时间，我们茶后匆匆地便散了。晚上我有约会出去了，回来时很晚，听差说他又来过，适遇我们夫妇刚走，他自己坐了一会儿，喝了一壶茶，在桌上写了些字便走了。我到桌上一看：

“定明早六时飞行，此去存亡不卜……”我怔住了，心中一阵不痛快，却忙给他一个电话。

“你放心。”他说，“很稳当的，我还要留着生命看更伟大的事迹呢，哪能便死？……”

话虽是这样说，他却是已经死了整两周了！

---

① 曼殊斐儿：即曼斯菲尔德（1888—1923），英国女作家。

凡是志摩的朋友，我相信会懂得，死去他这样一个朋友是怎么一回事!

现在这事实一天比一天更结实，更固定，更不容否认。志摩是死了，这个简单残酷的实际早又添上时间的色彩，一周，两周，一直的增长下去……

我不该在这里语无伦次的尽管呻吟我们做朋友的悲哀情绪。归根说，读者抱着我们文字看，也就是像志摩的请柏雷一样，要从我们口里再听到关于志摩的一些事。这个我明白，只怕我不能使你们满意，因为关于他的事，动听的，使青年人知道这里有个不可多得的人格存在的，实在太多，决不是几千字可以表达得完。谁也得承认像他这样的一个人世间便不轻易有几个的，无论在中国或是外国。

我认得他，今年整十年，那时候他在伦敦经济学院，尚未去康桥。我初次遇到他，也就是他初次认识到影响他迁学的狄更生先生。不用说他和我父亲最谈得来，虽然他们年岁上差别不算少，一见面之后便互相引为知己。他到康桥之后由狄更生介绍进了皇家学院，当时和他同学的有我姐夫温君源宁。一直到最近两个月中源宁还常在说他当时的许多笑话，虽然说是笑话，那也是他对志摩最早的一个惊异的印象。志摩认真的诗情，绝不含有任何矫伪，他那种痴，那种孩子似的天真实能令人惊讶。源宁说，有一天他在校舍里读书，外边下起了倾盆大雨——唯是英伦那样的岛国才有的狂雨——忽然他听到有人猛敲他的房门，外边跳进一个被雨水淋得全湿的客人。不用说便是志摩，他一进门一把扯着源宁向外跑，说快来我们到桥上去等着。这一来把源宁怔住了，他问志摩等什么在这大雨里。志摩睁大了眼睛，孩子似的高兴地说“看雨后的虹去”。源宁不止说他不去，并且劝志摩趁早将湿透的衣服换下，再穿上雨衣出去，英国的湿气岂是儿戏，志摩不等他说完，一溜烟地自己跑了。

以后我好奇地曾问过志摩这故事的真确，他笑着点头承认这全段故事的真实。我问：那么下文呢，你立在桥上等了多久，并且看到虹了没有？他说记不清但是他居然看到了虹。我诧异地打断他对那虹的描写，问他：怎么他便知道，准会有虹的。他得意地笑答我说：“完全诗意的信仰！”

“完全诗意的信仰”，我可要在这里哭了！也就是为这“诗意的信仰”他硬要借航空的方便达到他“想飞”的宿愿！“飞机是很稳当的”他说，“如果要出事那是我的运命！”他真对运命这样完全诗意的信仰！

志摩我的朋友，死本来也不过是一个新的旅程，我们没有到过的，不免过分地怀疑，死不定就比这生苦，“我们不能轻易断定那一边没有阳光与人情的温慰”，但是我前边说过最难堪的是这永远的静寂。我们生在这没有宗教的时代，对这死实在太没有把握了。这以后许多思念你的日子，怕要全是昏暗的苦楚，不会有一点点光明，除非我也有你那美丽的诗意的信仰！

我个人的悲绪不禁又来扰乱我对他生前许多清晰的回忆，朋友的原谅。

诗人的志摩用不着我来多说，他那许多诗文便是估价他的天平。我们新诗的历史才是这样的短，恐怕他的判断人尚在我们儿孙辈的中间。我要谈的是诗人之外的志摩。人家说志摩的为人只是不经意的浪漫，志摩的诗全是抒情诗，这断语从不认识他的人听来可以说很公平，从他朋友们看来实在是对不起他。志摩是个很古怪的人，浪漫固然，但他人格里最精华的却是他对人的同情，和蔼，和优容；没有一个人他对他不和蔼，没有一种人，他不能优容，没有一种的情感，他绝对地不能表同情。我不说了解，因为不是许多人爱说志摩最不解人情么？我说他的特点也就在这上头。

我们寻常人就爱说了解；能了解的我们便同情，不了解的我们便很落寞乃至于酷刻。表同情于我们能了解的，我们以为很适当；不表同情于我们不能了解的，我们也认为很公平。志摩则不然，了解与不了解，他并没有过分地夸张，他只知道温存，和平，体贴，只要他知道有情感的存在，无论出自何人，在何等情况下，他理智上认为适当与否，他全能表几分同情，他真能体会原谅他人与他自己不相同处。从不会刻薄地单支出严格的迫仄的道德的天平指摘凡是与他不同的人。他这样的温和，这样的优容，真能使许多人惭愧，我可以忠实地说，至少他要比我们多数的人伟大许多；他觉得人类各种的情感动作全有它不同的，价值放大了的人类的眼光，同情是不该只限于我们划定的范围内。他是对的，朋友们，归根说，我们能够懂得几个人，了解几桩事，几种情感？哪一桩事，哪一个人没有多面的看法！为此说来志摩的朋友之多，不是个可怪的事；凡是认得他的人不论深浅对他全有特殊的感情，也是极为自然的结果。而反过来看他自己在他一生的过程中却是很少得着同情的。不止如是，他还曾为他的一点理想的愚诚几次几乎不见容于社会。但是他却未曾为这个鄙吝他给他人的同情心，他的性情，不曾为受了刺激而转变刻薄暴戾过，谁能不承认他几有超人的宽量。志摩的最动人的特点，是他那不可信的纯净的天真，对他的理想的愚诚，对艺术欣赏的认真，体会情感的切实，全是难能可贵到极点。他站在雨中等虹，他甘冒社会的大不韪争他的恋爱自由；他坐曲折的火车到乡间去拜哈代，他抛弃博士一类的引诱卷了书包到英国，只为要拜罗素做老师，他为了一种特异的境遇，一时特异的感动，从此在生命途中冒险，从此抛弃所有的旧业，只是尝试写几行新诗——这几年新诗尝试的运命并不太令人踊跃，冷嘲热骂只是家常便饭——他常能走几里路去采几茎花，费许多周折去看一个朋友说两句话；这些，还有许多，都不是我们寻常能够轻易了解的神秘。我说神秘，其实竟许是傻，是痴！事实上他只是比我们认真，虔诚到傻气，到痴！他愉快起来他的快乐的翅膀可以碰得到天，他忧伤起来，他的悲戚是深得没有底。寻常评价的衡量在他手里失了效用，利害轻重他自有他的看法，纯是艺术的情感脱离寻常的原则，所以往常人常听到朋友们说到他总爱带着嗟叹的口吻说：“那是志摩，你又有什么法子！”他真的是个怪人吗？朋友们，不，一点都不是，他只是比我们近情，比我们热诚，比我们天真，比我们对万物都更有信仰，对神，对人，对灵，对自然，对艺术！

朋友们，我们失掉的不止是一个朋友，一个诗人，我们丢掉的是个极难得可爱的人格。

至于他的作品全是抒情的吗？他的兴趣只限于情感吗？更是不对。志摩的兴趣是极广泛的。他始终极喜欢天文，他对天上星宿的名字和部位就认得很多，最喜暑夜观星，好几次他坐火车都是带着关于宇宙的科学的书。他曾经译过爱因斯坦的相对论，并且在一九二二年便写过一篇关于相对论的东西登在《民铎》杂志上。他常向思成说笑：“任公[1]

① 指梁启超。

先生的相对论的知识还是从我徐君志摩大作上得来的呢，因为他说他看过许多关于爱因斯坦的哲学都未曾看懂，看到志摩的那篇才懂了。”今夏我在香山养病，他常来闲谈，有一天谈到他幼年上学的经过和美国克莱克大学两年学经济学的景况，我们不禁对笑了半天，后来他在他的《猛虎集》的“序”里也说了那么一段。可是奇怪的！他不像许多天才，幼年里上学，不是不及格，便是被斥退，他是常得优等的，听说有一次康乃尔暑校里一个极严的经济教授还写了信去克莱克大学教授那里恭维他的学生，关于一门很难的功课。我不是为志摩在这里夸张，因为事实上只有为了这桩事，今夏志摩自己便笑得不亦乐乎！

此外他的兴趣对于戏剧绘画都极深浓，戏剧不用说，与诗文是那么接近，他领略绘画的天才也颇为可观，后期印象派的几个画家，他都有极精密的爱恶，对于文艺复兴时代那几位，他也很熟悉，他最爱鲍蒂切利[①]和达文骞[②]。自然他也常承认文人喜画常是间接地受了别人论文的影响，他的，就受了法兰[③]（ROGERFRY）和斐德[④]（WALTERPATER）的不少。对于建筑审美他常常对思成和我道歉说：“太对不

① 鲍蒂切利：现译为米开朗琪罗·博纳罗蒂。

② 达文骞：现译为达·芬奇。

③ 法兰，现译为罗杰·弗莱，英国艺术史家、艺术批评家和美学家。

④ 斐德：现译为瓦尔特·佩特，英国批评家。

起，我的建筑常识全是 RUSKINS 那一套。”他知道我们是讨厌 RUSKINS 的。但是为看一个古建的残址，一块石刻，他比任何人都热心，都更能静心领略。

他喜欢色彩，虽然他自己不会作画，暑假里他曾从杭州给我几封信，他自己叫它们做“描写的水彩画”，他用英文极细致地写出西(边)桑田的颜色，每一分嫩绿，每一色鹅黄，他都仔细地观察到。又有一次他望着我园里一带断墙半晌不语，过后他告诉我说，他正在默默体会，想要描写那墙上向晚的艳阳和刚刚入秋的藤萝。

对于音乐，中西的他都爱好，不止爱好，他那种热心便唤醒过北京一次——也许唯一的一次——对音乐的注意。谁也忘不了那一年，克拉斯拉到北京在“真光”拉一个多钟头的提琴。对旧剧他也得算“在行”，他最后在北京那几天我们曾接连地同去听好几出戏，回家时我们讨论的热闹，比任何剧评都诚恳都起劲。

谁相信这样的一个人，这样忠实于“生”的一个人，会这样早地永远地离开我们另投一个世界，永远地静寂下去，不再透些许声息！

我不敢再往下写，志摩若是有灵听到比他年轻许多的一个小朋友拿着老声老气的语调谈到他的为人不觉得不快么？这里我又来个极难堪的回忆，那一年他在这同一个的报纸上写了那篇伤我父亲惨故的文章，这梦幻似的人生转了几个弯，曾几何时，却轮到我在这风紧夜深里握吊他的惨变。这是什么人生？什么风涛？什么道路？志摩，你这最后的解脱未始不是幸福，不是聪明，我该当羡慕你才是。

窗子以外①

话从哪里说起？等到你要说话，什么话都是那样渺茫地找不到个源头。

此刻，就在我眼帘底下坐着是四个乡下人的背影：一个头上包着暗黑的白布，两个褪色的蓝布，又一个光头。他们支起膝盖，半蹲半坐的，在溪沿的短墙上休息。每人手里一件简单的东西：一个是白木棒，一个篮子，那两个在树荫底下我看不清楚。无疑地他们已经走了许多路，再过一刻，抽完一筒旱烟以后，是还要走许多路的。兰花烟的香味频频随着微风，袭到我官觉上来，模糊中还有几段山西梆子的声调，虽然他们坐的地方是在我廊子的铁纱窗以外。

铁纱窗以外，话可不就在这里了。永远是窗子以外，不是铁纱窗就是玻璃窗，总而言之，窗子以外！

所有的活动的颜色、声音，生的滋味，全在那里的，你

---

① 发表于1934年9月5日《大公报·文艺副刊》第99期。

并不是不能看到，只不过是永远地在你窗子以外罢了。 多少百里的平原土地，多少区域的起伏的山峦，昨天由窗子外映进你的眼帘，那是多少生命日夜在活动着的所在；每一根青的什么麦黍，都有人流过汗；每一粒黄的什么米粟，都有人吃去；其间还有的是周折，是热闹，是紧张！可是你则并不一定能看见，因为那所有的周折，热闹，紧张，全都在你窗子以外展演着。

在家里吧，你坐在书房里，窗子以外的景物本就有限。那里两树马缨，几棵丁香；榆叶梅横出疯杈的一大枝；海棠因为缺乏阳光，每年只开个两三朵——叶子上满是虫蚁吃的创痕，还卷着一点焦黄的边；廊子幽秀地开着扇子式，六边形的格子窗，透过外院的日光，外院的杂音。 什么送煤的来了，偶然你看到一个两个被煤炭染成黔黑的脸；什么米送到了，一个人掮着一大口袋在背上，慢慢踱过屏门；还有自来水，电灯、电话公司来收账的，胸口斜挂着皮口袋，手里推着一辆自行车；更有时厨子来个朋友了，满脸的笑容，“好呀，好呀，”地走进门房；什么赵妈的丈夫来拿钱了，那是每月一号一点都不差的，早来了你就听到两个人唧唧哝哝争吵的声浪。 那里不是没有颜色，声音，生的一切活动，只是他们和你总隔个窗子，——扇子式的，六边形的，纱的，玻璃的！

你气闷了把笔一搁说，这叫做什么生活！你站起来，穿上不能算太贵的鞋袜，但这双鞋和袜的价钱也就比——想它做什么，反正有人每月的工资，一定只有这价钱的一半乃至于更少。你出去雇洋车了，拉车的嘴里所讨的价钱当然是要比例价高得多，难道你就傻子似地答应下来？不，不，三十二子，拉就拉，不拉，拉倒！心里也明白，如果真要充内行，你就该说，二十六子，拉就拉——但是你好意思争！

车开始辗动了，世界仍然在你窗子以外。长长的一条胡同，一个个大门紧紧地关着。就是有开的，那也只是露出一角，隐约可以看到里面有南瓜棚子，底下一个女的，坐在小凳上缝缝做做的；另一个，抓住还不能走路的小孩子，伸出头来喊那过路卖白菜的。至于白菜是多少钱一斤，那你是听不见了，车子早已拉得老远，并且你也无需乎知道的。在你每月费用之中，伙食是一定占去若干的。在那一笔伙食费里，白菜又是多么小的一个数。难道你知道了门口卖的白菜多少钱一斤，你真把你哭丧着脸的厨子叫来申斥一顿，告诉他每一斤白菜他多开了你一个“大子儿”？

车越走越远了，前面正碰着粪车，立刻你拿出手绢来，皱着眉，把鼻子蒙得紧紧地，心里不知怨谁好。怨天做的事太古怪；好好的美丽的稻麦却需要粪来浇！怨乡下人太不怕臭，不怕脏，发明那么两个篮子，放在鼻前手车上，推着慢慢走！你怨市里行政人员不认真办事，如此脏臭不卫生的旧习不能改良，十余年来对这粪车难道真无办法？为着强烈的臭气隔着你窗子还不够远，因此你想到社会卫生事业如何还办不好。

路渐渐好起来，前面墙高高的是个大衙门。这里你简直不止隔个窗子，这一带高高的墙是不通风的。你不懂里面有多少办事员，办的都是什么事；多少浓眉大眼的，对着乡下人做买卖的吆喝诈取；多少个又是脸黄黄的可怜虫，混半碗饭分给一家子吃。自欺欺人，里面天天演的到底是什么把戏？但是如果里面真有两三个人拼了命在那里奋斗，为许多人争一点便利和公道，你也无从知道！

到了热闹的大街了，你仍然像在特别包厢里看戏一样，本身不会，也不必参加那出戏；倚在栏杆上，你在审美的领略，你有的是一片闲暇。但是如果这里洋车夫问你在哪里下来，你会吃一惊，仓促不知所答。生活所最必需的你并不缺乏什么，你这出来就也是不必需的活动。

偶一抬头，看到街心和对街铺子前面那些人，他们都是急急忙忙地，在时间金钱的限制下采办他们生活所必需的。

两个女人手忙脚乱地在监督着店里的伙计称秤。二斤四两，二斤四两的什么东西，且不必去管，反正由那两个女人的认真的神气上面看去，必是非同小可，性命攸关的货物。并且如果秤得少一点时，那两个女人为那点吃亏的分量必定感到重大的痛苦；如果秤得多时，那伙计又知道这年头那损失在东家方面真不能算小。于是那两边的争持是热烈的，必需的，大家声音都高一点；女人脸上呈块红色，头发披下了一缕，又用手抓上去；伙计则维持着客气，口里嚷着：错不了，错不了！

热烈的，必需的，在车马纷纭的街心里，忽然由你车边冲出来两个人；男的，女的各各提起两脚快跑。这又是干什么的，你心想，电车正在拐大弯。那两人原就追着电车，由轨道旁边擦过去，一边追着，一边向电车上卖票的说话。电车是不容易赶的，你在洋车上真不禁替那街心里奔走赶车的担心。但是你也知道如果这趟没赶上，他们就可以在街旁站个半点来钟，那些宁可盼穿秋水不雇洋车的人，也就是因为他们的生活而必需计较和节省到洋车同电车价钱上那相差的数目。

此刻洋车跑得很快，你心里继续着疑问你出来的目的，到底采办一些什么必需的货物。眼看着男男女女挤在市场里面，门首出来一个进去一个，手里都是持着包包裹裹，里边虽然不会全是他们当日所必需的，但是如果当中夹着一盒稍微奢侈的物品，则亦必是他们生活中间闪着亮光的一个愉快！你不是听见那人说么？里面草帽，一块八毛五，贵倒贵点，可是“真不赖”！他提一提帽盒向着打招呼的朋友，他摸一摸他那剃得光整的脑袋，微笑充满了他全个脸。那时那一点迸射着光闪的愉快，当然的归属于他享受，没有一点疑问，因为天知道，这一年中他多少次地克己省俭，使他赚来这一次美满的，大胆的奢侈！

那点子奢侈在那人身上所发生的喜悦，在你身上却完全失掉作用，没有闪一星星亮光的希望！你想，整年整月你所花费的，和你那窗子以外的周围生活程度一比较，严格算来，可不都是非常靡费的用途？每奢侈一次，你心上只有多难过一次，所以车子经过的那些玻璃窗口，只有使你更惶恐，更空洞，更怀疑，前后徬徨不着边际。并且看了店里那些形形色色的货物，除非你真是傻子，难道不晓得它们多半是由那一国工厂里制造出来的！奢侈是不能给你愉快的，它只有要加增你的戒惧烦恼。每一尺好看点的纱料，每一件新鲜点的工艺品！

你诅咒着城市生活，不自然的城市生活！检点行装说，走了，走了，这沉闷没有生气的生活，实在受不了，我要换个样子过活去。健康的旅行既可以看看山水古刹的名胜，又可以知道点内地纯朴的人情风俗，走了，走了，天气还不算太坏，就是走他一个月六礼拜也是值得的。

没想到不管你走到那里，你永远免不了坐在窗子以内的。不错，许多时髦的学者常常骄傲地带上“考察”的神气，架上科学的眼镜偶然走到那里一个陌生的地方瞭望，但那无形中的窗子是仍然存在的。 不信，你检查他们的行李，有谁不带着罐头食品，帆布床，以及别的证明你还在你窗子以内的种种零星用品，你再摸一摸他们的皮包，那里短不了有些钞票；一到一个地方，你有的是一个提梁的小小世界。 不管你的窗子朝向哪里望，所看到的多半则仍是在你窗子以外，隔层玻璃，或是铁纱！隐隐约约你看到一些颜色，听到一些声音，如果你私下满足了，那也没有什么，只是千万别高兴起说什么接触了，认识了若干事物人情，天知道那是罪过！洋鬼子们的一些浅薄，千万学不得。

你是仍然坐在窗子以内的，不是火车的窗子，汽车的窗子，就是客栈逆旅的窗子，再不然就是你自己无形中习惯的窗子，把你搁在里面。 接触和认识实在谈不到，得天独厚的闲暇生活先不容你。 一样是旅行，如果你背上掮的不是照相机而是一点做买卖的小血本，你就需要全副的精神来走路：你得留神投宿的地方；你得计算一路上每吃一次烧饼和几颗沙果的钱；遇着同行的战战兢兢的打招呼，互相捧出诚意，遇着困难时好互相关照帮忙，到了一个地方你是真带着整个血肉的身体到处碰运气，紧张的境遇不容你不奋斗，不与其他奋斗的血和肉的接触，直到经验使得你认识。

前日公共汽车里一列辛苦的脸，那些谈话，里面就有很多生活的分量。 陕西过来作生意的老头和那旁坐的一股客气，是不得已的；由交城下车的客人执着红粉包纸烟递到汽车行管事手里也是有多少理由的，穿棉背心的老太婆默默地挟住一个蓝布包袱，一个钱包，是在用尽她的全副本领的，果然到了冀村，她错过站头，还亏别个客人替她要求车夫，将汽车退行两里路，她还不大相信地望着那村站，口里啰唆着这地方和上次如何两样了。开车的一面发牢骚一面爬到车顶替老太婆拿行李，经验使得他有一种涵养，行旅中少不了有认不得路的老太太，这个道理全世界是一样的，伦敦警察之所以特别和蔼，也是从迷路的老太太孩子们身上得来的。

话说了这许多，你仍然在廊子底下坐着，窗外送来溪流的喧响，兰花烟气味早已消失，四个乡下人这时候当已到了上流“庆和义”磨坊前面。昨天那里磨坊的伙计很好笑的满脸挂着麦粉，让你看着磨坊的构造；坊下的木轮，屋里旋转着的石碾，又在高低的院落里，来回看你所不经见的农具在日影下列着。院中一棵老槐、一丛鲜艳的杂花、一条曲曲折折引水的沟渠，伙计和气地说闲话。他用着山西口音，告诉你，那里一年可出五千多包的麦粉，每包的价钱约略两块多钱。又说这十几年来，这一带因为山水忽然少了，磨坊关闭了多少家，外国人都把那些磨坊租去作他们避暑的别墅。惭愧的你说，你就是住在一个磨坊里面，他脸上堆起微笑，让麦粉一星星在日光下映着，说认得认得，原来你所租的磨坊主人，一个外国牧师，待这村子极和气，乡下人和他还都有好感情。

这真是难得了，并且好感的由来还有实证。就是那一天早上你无意中出去探古寻胜，这一省山明水秀，古刹寺院，动不动就是宋辽的原物，走到山上一个小村的关帝庙里，看到一个铁铎，刻着万历年号，原来是万历赐这村里庆成王的后人的，不知怎样流落到卖古董的手里。七年前让这牧师买去，晚上打着玩，嘹亮的钟声被村人听到，急忙赶来打听，要凑原价买回，情辞恳切。说起这是他们吕姓的祖传宝物，决不能让它流落出境，这牧师于是真个把铁铎还了他们，从此便在关帝庙神前供着。

这样一来你的窗子前面便展开了一张浪漫的图画，打动了你的好奇，管它是隔一层或两层窗子，你也忍不住要打听点底细，怎么明庆成王的后人会姓吕！这下子文章便长了。

如果你的祖宗是皇帝的嫡亲弟弟，你是不会，也不愿，忘掉的。据说庆成王是永乐①的弟弟，这赵庄村里的人都是他的后代。不过就是因为他们记得太清楚了，另一朝的皇帝都有些老大不放心，雍正间诏命他们改姓，由姓朱改为姓吕，但是他们还有用二十字排行的方法，使得他们不会弄错

① 指明成祖朱棣。

他们是这一派子孙。

这样一来你就有点心跳了，昨天你雇来那打水洗衣服的不也是赵庄村来的，并且还姓吕！果然那土头土脑圆脸大眼的少年是个皇裔贵族，真是有失尊敬了。那么这村子一定穷不了，但事实上则不见得。

田亩一片，年年收成也不坏。家家户户门口有特种围墙，像个小小堡垒——当时防匪用的。屋子里面有大漆衣柜衣箱，柜门上白铜擦得亮亮；炕上棉被红红绿绿也颇鲜艳。可是据说关帝庙里已有四年没有唱戏了，虽然戏台还高巍巍地对着正殿。村子这几年穷了，有一位王孙告诉你，唱戏太花钱，尤其是上边使钱。这里到底是隔个窗子，你不懂了，一样年年好收成，为什么这几年村子穷了，只模模糊糊听到什么军队驻了三年多等，更不懂是，村子向上一年辛苦后的娱乐，关帝庙里唱唱戏，得上面使钱？既然隔个窗子听不明白，你就通气点别尽管问了。

隔着一个窗子你还想明白多少事？昨天雇来吕姓倒水，今天又学洋鬼子东逛西逛，跑到下面养有鸡羊，上面挂有武魁匾额的人家，让他们用你不懂得的乡音招呼你吃菜，炕上坐，坐了半天出到门口，和那送客的女人周旋客气了一回，才恍然大悟，她就是替你倒脏水洗衣裳的吕姓王孙的妈，前晚上还送饼到你家来过！

这里你迷糊了。 算了算了！你简直老老实实地坐在你窗子里得了，窗子以外的事，你看了多少也是枉然，大半你是不明白，也不会明白的。

纪念志摩去世四周年①

今天是你走脱这世界的四周年！朋友，我们这次拿什么来纪念你？前两次的用香花感伤的围上你的照片，抑住嗓子底下叹息和悲哽，朋友和朋友无聊地对望着，完成一种纪念的形式，俨然是愚蠢的失败。 因为那时那种近于伤感，而又不够宗教庄严的举动，除却点明了你和我们中间的距离，生和死的间隔外，实在没有别的成效；几乎完全不能达到任何真实纪念的意义。

去年今日我意外的由浙南路过你的家乡，在昏沉的夜色里我独立火车门外，凝望着那幽暗的站台，默默的回忆许多不相连续的过往残片，直到生和死间居然幻成一片模糊，人生和火车似的蜿蜒一串疑问在苍茫间奔驰。 我想起你的：

火车擒住轨，在黑夜里奔
过山，过水，过……

如果那时候我的眼泪曾不自主的溢出睫外，我知道

---

① 发表于1935年12月8日《大公报·文艺副刊》第56期。

你定会原谅我的。你应当相信我不会向悲哀投降，什么时候我都相信倔犟的忠于生的，即使人生如你底下所说：

> 就凭那精窄的两道，算是轨，
> 驮着这份重，梦一般的累赘！

就在那时候我记得火车慢慢的由站台拖出，一程一程的前进，我也随着酸怆的诗意，那“车的呻吟”，“过荒野，过池塘，……过噤口的村庄”。到了第二站——我的一半家乡。

今年又轮到今天这一个日子！世界仍旧一团糟，多少地方是黑云布满着粗筋络往理想的反面猛进，我并不在瞎说，当我写：

> 信仰只一细炷香，
> 那点子亮再经不起西风
> 沙沙的隔着梧桐树吹

朋友，你自己说，如果是你现在坐在我这位子上，迎着这一窗太阳：眼看着菊花影在墙上描画作态；手臂下倚着两叠今早的报纸；耳朵里不时隐隐地听着朝阳门外“打靶”的枪弹声；意识的，潜意识的，要明白这生和死的谜，你又该写成怎样一首诗来，纪念一个死别的朋友？

此时，我却是完全的一个糊涂！习惯上我说，每桩事都像是造物的意旨，归根都是运命，但我明知道每桩事都像有我们自己的影子在里面烙印着！我也知道每一个日子是多少机缘巧合凑拢来拼成的图案，但我也疑问其间的排布谁是主宰。据我看来：死是悲剧的一章，生则更是一场悲剧的主干！我们这一群剧中的角色自身性格与性格矛盾；理智与情感两不相容；理想与现实当面冲突，侧面或反面激成悲哀。日子一天一天向前转，昨日和昨日堆垒起来混成一片不可避脱的背景，做成我们周遭的墙壁或气氲，那么结实又那么缥缈，使我们每一个人站在每一天的每一个时候里都是那么主要，又是那么渺小无能为！

此刻我几乎找不出一句话来说，因为，真的，我只是个完全的糊涂；感到生和死一样的不可解，不可懂。

但是我却要告诉你，虽然四年了你脱离去我们这共同活动的世界，本身停掉参加牵引事体变迁的主力，可是谁也不能否认，你仍立在我们烟涛渺茫的背景里，间接的是一种力量，尤其是在文艺创造的努力和信仰方面。间接的你任凭自然的音韵，颜色，不时的风轻月白，人的无定律的一切情感，悠断悠续的仍然在我们中间继续着生，仍然与我们共同交织着这生的纠纷，继续着生的理想。你并不离我们太远。你的身影永远挂在这里那里，同你生前一样的心旋转。

说到您的诗，朋友，我正要正经地同你再说一些话。你不要不耐烦，这话迟早我们总要说清的。人说盖棺论定，前者早已成了事实，这后者在这四年中，说来叫人难受，我还未曾谈到一篇中肯或诚实的论评，虽然对你的赞美和攻讦由你去世后一两周间，就纷纷开始了。但是他们每人手里拿的都不像纯文艺的天秤；有的喜欢你的为人；有的疑问你私人的道德；有的单单尊崇你诗中所表现的思想哲学，有的仅喜爱那些软弱的细致的句子，有的每发议论必须牵涉到你的个人生活之合乎规矩方圆，或断言你是轻薄，或引证你是浮奢豪侈！朋友，我知道你从不介意过这些，许多人的浅陋老实或刻薄处你早就领略过一堆，你不止未曾生过气，并且常常表示怜悯同原谅；你的心情永远是那么洁净；头老抬得那么高；胸中老是那么完整的诚挚；臂上老有那么许多不折不挠的勇气。但是现在的情形与以前却稍稍不同，你自己既已不在这里，做你朋友的，眼看着你被误解，曲解，乃至于谩骂，有时真忍不住替你不平。但你可别误会我心眼儿窄，把不相干的看成重要，我也知道误解曲解谩骂，都是不相干的，但是朋友，我们谁都需要有人了解我们的时候，真了解了我们，即使是痛下针砭，骂着了我们的弱处错处，那整个的我们却因而更增添了意义，一个作家文艺的总成绩更需要一种就文论文，就艺术论艺术的和平判断。

你在《猛虎集》序中说“世界上再没有比写诗更惨的事，”你却并未说明为什么写诗是一桩惨事，现在让我来个注脚好不好？我看一个人一生为着一个愚诚的倾向，把所感受到的复杂的情绪尝味到的生活，放到自己的理想和信仰的锅炉里烧炼成几句悠扬铿锵的语言，(哪怕是几声小唱)，来满足他自己本能的艺术的冲动，这本来是个极寻常的事，那一个地方那一个时代，都不断有这种人。轮着做这种人的多半是为着他情感来的比寻常人浓富敏锐，而为着这情感而发生的冲动更是非实际的——或不全是实际的——追求。而需要那种艺术的满足而已。说起来写诗的人的动机多么简单可怜，正是如你序里所说“我们都是受支配的善良的生灵”！虽然有些诗人因为他们的成绩特别高厚旷阔包括了多数人，或整个时代的艺术和思想的冲动，从此便在人中间披上神秘的光圈，使“诗人”两字无形中挂着崇高的色彩。

这样使一般努力于用韵文表现或描画人在自然万物相交错的情绪思想的，便被人的成见看作夸大狂的旗帜需要同时代人的极冷酷的讥讪和不信任来扑灭它，以挽救人类的尊严和健康。

我承认写诗是惨淡经营，孤立在人中挣扎的勾当，但是因为我知道太清楚了。你在这上面单纯的信仰和诚恳的尝试，为同业者奋斗，卫护他们情感的愚诚，称扬他们艺术的创造自己从未曾求过虚荣，我觉得你始终是很逍遥舒畅的。如你自己所说“满头血水”你“仍不曾低头”，你自己相信“一点性灵还在那里挣扎”，“还想在实际生活的重重压迫下透出一些声响来”。

简单地说，朋友，你这写诗的动机是坦白不由自主的，你写诗的态度是诚实，勇敢，而倔强的。这在讨论你诗的时候，谁都先得明了的。

至于你诗的技巧问题，艺术上的造诣，在几乎没有一定的定义时代，转入这讨论外形内容，以至于音节韵脚章句意象组织等艺术技巧问题的时期，即是根据着对这方面努力尝试过的那一些诗，你的头两个诗集子就是供给这些讨论见解最多材料的根据。外国的土话说“马总得放在马车的前面”，不是？没有一些尝试的成绩放在那里，理论家是不能老在那里发一堆空头支票的，不是？

你自己一向不止在那里倔犟的尝试用功，你还曾用尽你所有活泼的热心鼓励别人尝试，鼓励“时代”起来尝试，——这种工作是最犯风头嫌疑的，也只有你胆子大头皮硬顶得下来！我还记得你要印诗集子时我替你捏一把汗，老实说还替你在有文采的老前辈中间难为情过，我也记得我初听到人家找你办《晨报副刊》时我的焦急，但你居然板起个脸抓起两把鼓锤子为文艺吹打开路乃至于扫地，铺鲜花，不顾旧势力的非难，新势力的怀疑，你干你的事“事在人为，做了再说”那股子劲，以后别处也还很少见。

现在你走了这些事渐渐在人的记忆中模糊下来，你的诗和文也散漫在各小本集子里压在有极新鲜的封皮的新书后面，谁说起你来，不是马马糊糊的承认你是过去中一个势力，就是拿能够挑剔看轻你的诗为本事。（散文人家很少提到，或许“散文家”没有诗人那么光荣不值得注意）朋友，这是没法子的事，我却一点不为此灰心，因为我有我的信仰。

我认为我们这写诗的动机既如前边所说那么简单愚诚；因在某一时，或某一刻敏锐的接触到生活上的锋芒，或偶然的触遇到理想峰巅上云彩星霞，不由得不在我们所习惯的语言中，编缀出一两串近于音乐的句子来，慰藉自己，解放自己，去追求超实际的真美，读诗者的反应一定有一大半也和我们这写诗的一样诚实天真，仅想在我们句子中间由音乐性的愉悦，接触到一些生活的底蕴渗合着美丽的憧憬；把我们的情绪给他们的情绪搭起一座浮桥，把我们的灵感，给他们生活添些新鲜；把我们的痛苦伤心再揉成他们自己忧郁的安慰！

我们的作品会不会长存下去，也就看它们会不会活在那一些我们从不认识的人，我们作品的读者，散在各时，各处互相不认识的孤单的人的心里的，这事它自己有自己的定律，并不需要我们的关心的。你的诗据我所知道的，它们仍旧在这里浮沉流落，你的影子也就浓淡参差的系在那些诗句中，另一端印在许多不相识人的心里。朋友，你不要过于看轻这种间接的生存，许多热情的人他们会为着你的存在，而加增了生的意识的。伤心的仅是那些你最亲热的朋友们和同兴趣的努力者，你不在他们中间的事实，将要永远是个不能填补的空虚。

你走后大家就提议要为你设立一个“志摩奖金”来继续你鼓励人家努力诗文的素志，勉强象征你那种对于文艺创造拥护的热心，使不及认得你的青年人永远对你保存着亲热。如果这事你不觉到太寒碜不够热气，我希望你原谅你这些朋友们的苦心，在冥冥之中笑着给我们勇气来做这一愚诚的事吧。

二十四年十一月十九日，北平。

蛛丝和梅花[①]

真真地就是那么两根蛛丝，由门框边轻轻地牵到一枝梅花上。就是那么两根细丝，迎着太阳光发亮……再多了，那还像样么？一个摩登家庭如何能容蛛网在光天白日里作怪，管它有多美丽，多玄妙，多细致，够你对着它联想到一切自然，造物的神工和不可思议处；这两根丝本来就该使人脸红，且在冬天够多特别！可是亮亮的，细细的，倒有点像

---

① 发表于1936年2月2日《大公报·文艺副刊》第86期。

银，也有点像玻璃制的细丝，委实不算讨厌，尤其是它们那么潇脱风雅，偏偏那样有意无意地斜着搭在梅花的枝梢上。

你向着那丝看，冬天的太阳照满了屋内，窗明几净每朵含苞的，开透的，半开的梅花在那里挺秀吐香，情绪不禁迷茫缥缈地充溢心胸，在那刹那的时间中振荡。同蛛丝一样的细弱，和不必需，思想开始抛引出去：由过去牵到将来，意识的，非意识的，由门框梅花牵出宇宙，浮云沧波踪迹不定。是人性，艺术，还是哲学，你也无暇计较，你不能制止你情绪的充溢，思想的驰骋，蛛丝梅花竟然是瞬息可以千里！

好比你是蜘蛛，你的周围也有你自织的蛛网，细致地牵引着天地，不怕多少次风雨来吹断它，你不会停止了这生命上基本的活动。此刻……“一枝斜好，幽香不知甚处，”……

拿梅花来说吧，一串串丹红的结蕊缀在秀劲的傲骨上，最可爱，最可赏，等半绽将开地错落在老枝上时，你便会心跳！梅花最怕开；开了便没话说。索性残了，沁香拂散同夜里炉火都能成了一种温存的凄清。

记起了，——也就是说到梅花，玉兰。初是有个朋友说起初恋时玉兰刚开完，天气每天的暖，住在湖旁，每夜跑到湖边林子里走路，又静坐幽僻石上看隔岸灯火，感到好像仅有如此虔诚地孤对一片泓碧寒星远市，才能把心里情绪抓紧了，放在最可靠最纯净的一撮思想里，始不至亵渎了或是惊着那“寤寐思服”的人儿。那是极年轻的男子初恋的情景，——对象渺茫高远，反而近求“自我的”郁结深浅——他问起少女的情绪。

就在这里，忽记起梅花。一枝两枝，老枝细枝，横着，虬着，描着影子，喷着细香；太阳淡淡金色地铺在地板上；四壁琳琅，书架上的书和书签都像在发出言语；墙上小对联记不得是谁的集句；中条是东坡的诗。你敛住气，简直不敢喘息，踮起脚，细小的身形嵌在书房中间，看残照当窗，花影摇曳，你像失落了什么，有点迷惘。又像“怪东风着意相寻”，有点儿没主意！浪漫，极端的浪漫。“飞花满地谁为扫?”你问，情绪风似地吹动，卷过，停留在惜花上面。再回头看看，花依旧嫣然不语。“如此娉婷，谁人解看花意，”你更沉默，几乎热情地感到花的寂寞，开始怜花，把同情统统诗意地交给了花心！

这不是初恋，是未恋，正自觉“解看花意”的时代。情绪的不同，不止是男子和女子有分别，东方和西方也甚有差异。情绪即使根本相同，情绪的象征，情绪所寄托，所栖止的事物却常常不同。水和星子同西方情绪的联系，早就成了习惯。一颗星子在蓝天里闪，一流冷涧倾泄一片幽愁的平静，便激起他们诗情的波涌，心里甜蜜地，热情地便唱着由那些鹅羽的笔锋散下来的“她的眼如同星子在暮天里闪”，或是“明丽如同单独的那颗星，照着晚来的天”，或“多少次了，在一流碧水旁边，忧愁倚下她低垂的脸。”

惜花，解花太东方，亲昵自然，含着人性的细致是东方传统的情绪。

此外年龄还有尺寸，一样是愁，却跃跃似喜，十六岁时的，微风凌乱，不颓废，不空虚，踮着理想的脚充满希望，东方和西方却一样。人老了脉脉烟雨，愁吟或牢骚多折损诗的活泼。大家如香山，稼轩，东坡，放翁的白发华发，很少不哽在诗里，至少是令人不快。话说远了，刚说是惜花，东方老少都免不了这嗜好，这倒不论老的雪鬓曳杖，深闺里也就攒眉千度。

最叫人惜的花是海棠一类的“春红”，那样娇嫩明艳，开过了残红满地，太招惹同情和伤感。但在西方即使也有我们同样的花，也还缺乏我们的廊庑庭院。有了“庭院深深深几许”才有一种庭院里特有的情绪。如果李易安的“斜风细雨”底下不是“重门须闭”也就不“萧条”得那样深沉可爱；李后主的“终日谁来”也一样的别有寂寞滋味。看花更须庭院，深深锁在里面认识，不时还得有轩窗栏杆，给你一点凭借，虽然也用不着十二栏杆倚遍，那么慵懒无聊。

当然旧诗里伤愁太多；一首诗竟像一张美的证券，可以照着市价去兑现！所以庭花，乱红，黄昏，寂寞太滥，诗常失却诚实。西洋诗，恋爱总站在前头，或是“忘掉”，或是“记起”，月是为爱，花也是为爱，只使全是真情，也未尝不太腻味。就以两边好的来讲。拿他们的月光同我们的月色比，似乎是月色滋味深长得多。花更不用说了；我们的花“不是预备采下缀成花球，或花冠献给恋人的”，却是一树一树绰约的，个性的，自己立在情人的地位上接受恋歌的。

所以未恋时的对象最自然的是花，不是因为花而起的感慨，——十六岁时无所谓感慨，——仅是刚说过的自觉解花的情绪，寄托在那清丽无语的上边，你心折它绝韵孤高，你为花动了感情，实说你同花恋爱，也未尝不可，——那惊讶狂喜也不减于初恋。还有那凝望，那沉思……

一根蛛丝！记忆也同一根蛛丝，搭在梅花上就由梅花枝上牵引出去，虽未织成密网，这诗意的前后，也就是相隔十几年的情绪的联络。

午后的阳光仍然斜照，庭院阒然，离离疏影，房里窗棂和梅花依然伴和成为图案，两根蛛丝在冬天还可以算为奇迹，你望着它看，真有点像银，也有点像玻璃，偏偏那么斜挂在梅花的枝梢上。

一九三六年新年漫记

彼此①

朋友又见面了，点点头笑笑，彼此晓得这一年不比往年，彼此是同增了许多经验。个别地说，这时间中每一人的经历虽都有特殊的形相，含着特殊的滋味，需要个别的情绪来分析来描述。

综合地说，这许多经验却是一整片仿佛同式同色，同大小，同分量的迷惘。你触着那一角，我碰上这一头，归根还是那一片迷惘笼罩着彼此。七月！——这两字就如同史歌的开头那么有劲——八月，九月带来了那狂风，后来。后来过了年，——那无法忘记的除夕！——又是那一月，二月，三月，到了七月，再接再厉的又到了年夜。现在又是一月二月在开始……谁记得最清楚，这串日子是怎样地延续下来，生活如何地变？想来彼此都不会记得过分清晰，一切都似乎在迷离中旋转，但谁又会忘掉那么切肤的重重忧患的网膜？

---

① 发表于1939年2月5日《今日评论》第1卷第6期。

经过炮火或流浪的洗礼，变换又变换的日月，难道彼此脸上没有一点记载这经验的痕迹？但是当整一片国土纵横着创痕，大家都是“离散而相失……失去故乡而就远”，自然“心婵媛而伤怀兮，眇不知其所蹠”，脸上所刻那几道并不使彼此惊讶，所以还只是笑笑好。口角边常添几道酸甜的纹路，可以帮助彼此咀嚼生活。何不默认这一点：在迷惘中人最应该有笑，这种的笑，虽然是敛住神经，敛住肌肉，仅是毅力的后背，它却是必需的，如同保护色对于许多生物，是必需的一样。

那一晚在 × ×江心，某一来船的甲板上，热臭的人丛中，他记起他那时的困顿饥渴和狼狈，旋绕他头上的却是那真实倒如同幻象，幻象又成了真实的狂敌杀人的工具，敏捷而近代型的飞机：美丽得像鱼像鸟……这里黯然的一掬笑是必需的，因为同样的另外一个人懂得那原始的骤然唤起纯筋肉反射作用的恐怖。他也正在想那时他在 × ×车站台上露宿，天上有月，左右有人，零落如同被风雨摧落后的落叶，瑟索地蜷伏着，他们心里都在回味那一天他们所初次尝到的敌机的轰炸！谈话就可以这样无限制的延长，因为现在都这样的记忆，——比这样更辛辣苦楚的——在各人心里真是太多了！随便提起一个地名大家所熟悉的都会或商埠，随着全会涌起怎样的一个最后印象！

再说初入一个陌生城市的一天，——这经验现在又多普遍——尤其是在夜间，这里就把个别的形和感触除外，在大家心底曾留下的还不是一剂彼此都熟识的清凉散？苦里带涩，那滋味侵入脾胃时，小小的冷噤会轻轻在背脊上爬过，用不着丝毫锐性的感伤！也许他可以说他在那夜进入某某城内时，看到一列小店门前凄惶的灯，黄黄的发出奇异的晕光，使他嗓子里如梗着刺，感到一种紧的触觉。你能所记得的却是某一号车站后面黯白的煤汽灯射到陌生的街心里，使你心里好像失落了什么。

那陌生的城市，在地图上指出时，你所经过的同他所经过的也可以有极大的距离，你同他当时的形也可以完全的不相同。但是在这里，个别的异同似乎非常之不相干；相干的仅是你我会彼此点头，彼此会意，于是也会彼此地笑笑。

七月在芦沟桥与敌人开火以后，纵横中国土地上的脚印密密地衔接起来，更加增了中国地域广漠的证据。每个人参加过这广漠地面上流转的大韵律的，对于尘土和血，两件在寻常不多为人所理会的，极寻常的天然质素，现在每人在他个别的角上，对它们都生了莫大亲切的认识。每一寸土，每一滴血，这种话，已是可接触，可把持的十分真实的事物，不仅是一句话一个“概念”而已。

在前线的前线，兴奋和疲劳已掺拌着尘土和血另成一种生活的形体魂魄。睡与醒中间，饥与食中间，生和死中间，距离短得几乎不存在！生活只是一股力，死亡一片沉默的恨，事简单得无可再简单。尚在生存着的，继续着是力，死去的也继续着堆积成更大的恨。恨又生力，力又变恨，惘惘地却勇敢地循环着，其他一切则全是悬在这两者中间悲壮热烈地穿插。

在后方，事却没有如此简单，生活仍然缓弛地伸缩着；食宿生死间距离恰像黄昏长影，长长的，尽向前引伸，像要扑入夜色，同夜溶成一片模糊。在日夜宽泛的循回里于是穿插反更多了，真是天地无穷，人生长勤。生之穿插零乱而琐屑，完全无特殊的色泽或轮廓，更不必说英雄气息壮烈成分。斑斑点点仅像小血锈凝在生活上，在你最不经意中烙印生活。如果你有志不让生活在小处窳败，逐渐减损，由锐而钝，由张而弛，你就得更感谢那许多极平常而琐碎的摩擦，无日无夜地透过你的神经，肌肉或意识。这种时候，叹息是悬起了，因一切虽然细小，却绝非从前所熟识的感伤。每件经验都有它粗壮的真实，没有叹息的余地。口边那酸甜的纹路是实际哀乐所刻划而成，是一种坚忍韧性的笑。因为生活既不是简单的火焰时，它本身是很沉重，需要韧性地支持，需要产生这韧性支持的力量。

现在后方的问题，是这种力量的源泉在哪里？决不凭着平日均衡的理智，——那是不够的，天知道！尤其是在这时候，感就在皮肤底下“踊跃其若汤”，似乎它所需要的是超理智的冲动！现在后方被缓的生活，紧的情感，两面摩擦得愁郁无快，居戚戚而不可解，每个人都可以苦恼而又热地唱“终长夜之曼曼兮，掩此哀而不去，”或“宁溘死而流亡兮，不忍为此之常愁！”支持这日子的主力在哪里呢？你我生死，就不检讨它的意义以自大，也还需要一点结实的凭借才好。

我认得有个人，很寻常地过着国难日子的寻常人，写信给他朋友说，他的嗓子虽然总是那么干哑，他却要哑着嗓子私下告诉他的朋友：他感到无论如何在这时候，他为这可爱的老国家带着血活着，或流着血或不流着血死去，他都觉到荣耀，异于寻常的，他现在对于生与死都必然感到满足。这话或许可以在许多心弦上叩起回响，我常思索这简单朴实的情感是从哪里来的。 信念？像一道泉流透过意识，我开始明了理智同热血的冲动以外，还有个纯真的力量的出处。信心产生力量，又可储蓄力量。

信仰坐在我们中间多少时候了，你我可曾觉察到？信仰所给予我们的力量不也正是那坚忍韧性的倔强？我们都相信，我们只要都为它忠贞地活着或死去，我们的大国家自会永远地向前迈进，由一个时代到又一个时代。 我们在这生是如此艰难，死是这样容易的时候，彼此仍会微笑点头的缘故也就在这里吧？现在生活既这样的彼此患难同味，这信心自是，我们此时最主要的联系，不信你问他为什么仍这样硬朗地活着，他的回答自然也是你的回答，如果他也问你。

信仰坐在我们中间多少时候了？那理智热情都不能代替的信心！

思索时许多事，在思流的过程中，总是那么晦涩，明了时自己都好笑所想到的是那么简单明显的事实！此时我拭下额汗，差不多可以意识到自己口边的纹路，我尊重着那酸甜的笑，因为我明白起来，它是力量。

话不用再说了，现在一切都是这么彼此，这么共同，个别的情绪这么不相干。当前的艰苦不是个别的，而是普遍的，充满整一个民族，整一个时代！我们今天所叫做生活的，过后它便是历史。客观的无疑我们彼此所熟识的艰苦正在展开一个大时代。所以别忽略了我们现在彼此地点点头。且最好让我们共同酸甜的笑纹，有力地，坚韧地，横过历史。

惟其是脆嫩①

活在这非常富于刺激性的年头里，我敢喘一口气说，我

---

① 发表于1933年9月23日《大公报·文艺副刊》创刊号。

相信一定有多数人成天里为观察听闻到的，牵动了神经，从跳动而有血裹着的心底下累积起各种的情感，直冲出嗓子，逼成了语言到舌头上来。这自然丰富的累积，有时更会倾溢出少数人的唇舌，再奔进到笔尖上，另具形式变成在白纸上驰骋的文字。这种文字便全是我们这个时代的出产，大家该千万珍视它！

现在，无论在哪里，假如有一个或多种的机会，我们能把许多这种自然触发出来的文字，交出给同时代的大众见面，因而或能激动起更多方面，更复杂的情感，和由这情感而形成更多方式的文字；一直造成了一大片丰富而且有力的创作的田壤，森林，江山……产生结结实实的我们这个时代特有的表情和文章；我们该不该诚恳的注意到这机会或能造出的事业，各人将各人的一点点心血献出来尝试？

假使，这里又有了机会联聚起许多人，为要介绍许多方面的文字，更进而研讨文章的质的方面；或指出以往文章的历程，或讲究到各种文章上比较的问题，进而无形的讲究到程度和标准等问题。我又敢相信，在这种景况下定会发生更严重鼓励写作的主动力。使创作界增加问题，或许。惟其是增加了问题，才助益到创造界的活泼和健康。文艺绝不是蓬勃丛生的野草。

我们可否直爽的承认一桩事？创作的鼓动时常要靠着刊

物把它的成绩布散出去吹风，晒太阳，和时代的读者把晤的。被风吹冷了，太阳晒萎了，固常有的事。被读者所欢迎，所冷淡，或误会，或同情，归根应该都是激动创造力的药剂！至于，一来就高举趾，二来就气馁的作者，每个时代都免不了有他们起落踪迹。这个与创作界主体的展动只成枝节问题。哪一个创作兴旺的时代缺得了介绍散布作品的刊物，同那或能同情，或不了解的读众？

创作品是不能不与时代见面的，虽然作者的名姓，则并不一定。伟大作品没有和本时代见面，而被他时代发现珍视的固然有，但也只是偶然例外的事。希腊悲剧是在几万人前面唱演的；莎士比亚的戏更是街头巷尾的粗人都看得到的。到有刊物时代的欧洲，更不用说，一首诗文出来人人争买着看，就是中国在印刷艰难的时候，也是什么“传诵一时”；什么“人手一抄”等……

创作的主力固在心底，但逼迫着这只有时间性的情绪语言而留它在空间里的，却常是刊物这一类的鼓励和努力所促成。

现走遍人间是能刺激起创作的主力。尤其在中国，这种日子，那一副眼睛看到了些什么，舌头底下不立刻紧急的想说话，乃至于歌泣！如果创作界仍然有点消沉寂寞的话——努力的少，尝试的稀罕——那或是有别的缘故而使然。我们问：能鼓励创作界的活跃性的是些什么？刊物是否可以救济这消沉的？努力过刊物的诞生的人们，一定知道刊物又时常会因为别的复杂原因而夭折的。它常是极脆嫩的孩儿……那么有创作冲动的笔锋，努力于刊物的手臂，此刻何不联在一起，再来一次合作逼着创造界又挺出一个新鲜的萌芽！管它将来能不能成田壤，成森林，成江山，一个萌芽是一个萌芽。脆嫩？惟其是脆嫩，我们大家才更要来爱护它。

这时代是我们特有的，结果我们单有情感而没有表现这情绪的艺术，眼看着后代人笑我们是黑暗时代的哑子，没有艺术，没有文章，乃至于怀疑到我们有没有情感！

回头再看到祖宗传流下那神气的衣钵，怎不觉得惭愧！说世乱，杜老头子过的是什么日子！辛稼轩当日的愤慨当使我们同情！……何必诉，诉不完。难道现在我们这时代没有形形色色的人物，喜剧悲剧般的人生作题？难道我们现时没有美丽，没有风雅，没有丑陋、恐慌，没有感慨，没有希望?！难道连经这些天灾战祸，我们都不会描述，身受这许多刺骨的辱痛，我们都不会愤慨高歌迸出一缕滚沸的血流?！

难道我们真麻木了不成？难道我们这时代的语辞真贫穷得不能达意？难道我们这时代真没有学问真没有文章?！朋友们努力挺出一根活的萌芽来，记着这个时代是我们的。

山西通信①

××××:

居然到了山西，天是透明的蓝，白云更流动得使人可以忘记很多的事，单单在一点什么感底下，打滴溜转；更不用说到那山山水水，小堡垒，村落，反映着夕阳的一角庙，一座塔！景物是美得到处使人心慌心痛。

我是没有出过门的，没有动身之前不容易动，走出来之后却就不知道如何流落才好。旬日来眼看去的都是图画，日子都是可以歌唱的古事。黑夜里在山场里看河南来到山西的匠人，围住一个大红炉子打铁，火花和铿锵的声响，散到四围黑影里去。微月中步行寻到田垄废庙，划一根“取灯”偷偷照看那望观音的脸，一片平静，几百年来没有动过感的，在那一闪光底下，倒像挂上一缕笑意。

我们因为探访古迹走了许多路，在种种情形之下感慨到古今兴废。在草丛里读碑碣，在砖堆中间偶然碰到菩萨的一只手一个微笑，都是可以激动起一些不平常的感觉来的。乡村的各种浪漫的位置，秀丽天真。中间人物维持着老老实实的鲜艳颜色，老的扶着拐杖，小的赤着胸背，沿路上点

---

① 发表于1934年8月25日《大公报·文艺副刊》第96期。

缀的，尽是他们明亮的眼睛和笑脸。由北平城里来的我们，东看看，西走走，夕阳背在背上，真和掉在另一个世界里一样！云块、天，和我们之间似乎失掉了一切障碍。我乐时就高兴地笑，笑声一直散到对河对山，说不定哪一个林子，哪一个村落里去！我感觉到一种平坦，竟许是辽阔，和地面恰恰平行着舒展开来，感觉最边沿的边沿，和大地的边沿，永远赛着向前伸……

我不会说，说起来也只是一片疯话，人家不耐烦听。让我描写一些实际情形，我又不大会。总而之，远地里，一处田亩有人在工作，上面青的、黄的，紫的，分行地长着；每一处山坡上，都有人在走路、放羊，迎着阳光，背着阳光，投射着转动的光影；每一个小城，前面站着城楼，旁边睡着小庙，那里又托出一座石塔，神和人，都服帖地、满足地守着他们那一角天地，近地里，则更有的是热闹，一条街里站满了人，孩子头上梳着三个小辫子的，四个小辫子的，乃至于五六个小辫子的，衣服简单到只剩一个红兜肚，上面隐约也总有他嬷嬷挑的两三朵花！

娘娘庙前面树荫底下，你又能阻止谁来看热闹？教书先生出来了，军队里兵卒拉着马过来了，几个女人娇羞地手拉着手，也扭着来站在一边了，小孩子争着挤，看我们照相，拉皮尺量平面，教书先生帮我们拓碑文。说起来这个那个庙，都是年代久远了，什么时候盖的，谁也说不清了！说话之人来得太多，我们工作实在发生困难了，可是我们大家都顶高兴的，小孩子一边抱着饭碗吃饭，一边睁着大眼看，一点子也不松懈。

我们走时总是一村子的人来送的，儿媳妇指着说给老婆婆听，小孩们跑着还要跟上一段路。开栅镇、小相村、大相村，哪一处不是一样的热闹，看到北齐天保三年造像碑，我们不小心，漏出一个惊异的叫喊，他们乡里弯着背的、老点儿的人，就也露出一个得意的微笑，知道他们村里的宝贝，居然吓着这古怪的来客了。“年代多了吧。”他们骄傲地问。“多了多了，”我们高兴地回答，“差不多一千四百年了。”“呀，一千四百年！”我们便一起骄傲起来。

我们看看这里金元重修的，那里明季重修的殿宇，讨论那式样做法的特异处，塑像神气，手续，天就渐渐黑下来，嘴里觉到渴，肚里觉到饿，才记起一天的日子圆圆整整地就快结束了。回来躺在床上，绮丽鲜明的印象仍然挂在眼睛前边，引导着种种适意的梦，同时晚饭上所吃的菜蔬果子，便给养充实着我们明天的精力，直到一大颗太阳，红红地照在我们的脸上。

《文艺丛刊小说选》题记①

《大公报·文艺副刊》出了一年多，现在要将这第一年中属于创造的短篇小说提出来，选出若干篇，印成单行本供给读者更方便的阅览。这个工作的确该使认真的作者和读者两方面全都高兴。

这里篇数并不多，人数也不多，但是聚在一个小小的选集里也还结实饱满，拿到手里可以使人充满喜悦的希望。

我们不怕读者读过了以后，这燃起的希望或者又会黯下变成失望。因为这失望竟许是不可免的，如果读者对创造界诚恳地抱着很大的理想，心里早就叠着不平常的企望。但只要是读者诚实的反应，我们都不害怕。因为这里是一堆作者老实的成绩，合起来代表一年中创造界一部分的试验，无论拿什么标准来衡量它，断定它的成功或失败，谁也没有一句话说的。

现在姑且以编选人对这多篇作品所得的感想来说，供读者浏览评阅这本选集时一种参考，简单的就是底下的一点意见。

如果我们取鸟瞰的形势来观察这个小小的局面，至少有

---

① 发表于1936年3月1日《大公报·文艺副刊》第102期。

一个最显著的现象展在我们眼下。在这些作品中，在题材的选择上似乎有个很偏的倾向：那就是趋向农村或少受教育分子或劳力者的生活描写。这倾向并不偶然，说好一点，是我们这个时代对于他们——农人与劳力者——有浓重的同情和关心；说坏一点，是一种盲从趋时的现象。但最公平地说，还是上面的两个原因都有一点关系。描写劳工社会，乡村色彩已成一种风气，且在文艺界也已有一点成绩。初起的作家，或个性不强烈的作家，就容易不自觉的，因袭种种已有眉目的格调下笔。尤其是在我们这时代，青年作家都很难过自己在物质上享用，优越于一般少受教育的民众，便很自然地要认识乡村的穷苦，对偏僻的内地发生兴趣，反倒撇开自己所熟识的生活不写。拿单篇来讲，许多都写得好，还有些写得特别精彩的。但以创造界全盘试验来看，这种偏向表示贫弱，缺乏创造力量。并且为良心的动机而写作，那作品的艺术成分便会发生疑问。我们希望选集在这一点上可以显露出这种创造力的缺乏，或艺术性的不真纯，刺激作家们自己更有个性，更热诚地来刻画这多面错综复杂的人生，不拘泥于任何一个角度。

除却上面对题材的偏向以外，创造文艺的认真却是毫无疑问的。前一时代在流畅文字的烟幕下，刻薄地以讽刺个人博取流行幽默的小说，现已无形地摈出努力创造者的门外，衰灭下去几至绝迹。这个情形实在也值得我们作者和读者额手相庆的好现象。

在描写上，我们感到大多数所取的方式是写一段故事，或以一两人物为中心，或以某地方一桩事发生的始末为主干，单纯地发展与结束。这也是比较薄弱的手法。这个我们疑惑或是许多作者误会了短篇的限制，把它的可能性看得过窄的缘故。生活大胆的断面，这里少有人尝试，剖示贴己生活的矛盾也无多少人认真地来做。这也是我们中间一种遗憾。

至于关于这里短篇技巧的水准，平均的程度，编选人却要不避嫌疑地提出请读者注意。无疑的，在结构上，在描写上，在叙事与对话的分配上，多数作者已有很成熟自然的运用。生涩幼稚和冗长散漫的作品，在新文艺早期中毫无愧色地散见于各种印刷物中，现在已完全敛迹。通篇的连贯，文字的经济，着重点的安排，颜色图画的鲜明，已成为极寻常的标准。在各篇中我们相信读者一定还不会不觉察到那些好处的；为着那些地方就给了编选人以不少愉快和希望。

最后如果不算离题太远，我们还要具体地讲一点我们对于作者与作品的见解。作品最主要处是诚实。诚实的重要还在题材的新鲜，结构的完整，文字的流丽之上。即作品需诚实于作者客观所明了，主观所体验的生活。小说的情景即使整个是虚构的，内容的情感却全得藉力于迫真的，体验过的情感，毫不能用空洞虚假来支持着伤感的“情节”！

所谓诚实并不是作者必需实际的经过在作品中所提到的生活，而是凡在作品中所提到的生活，的确都是作者在理智上所极明了，在感情上极能体验得出的情景或人性。许多人因是自疚生活方式不新鲜，而故意地选择了一些特殊浪漫，而自己并不熟识的生活来做题材，然后敲诈自己有限的幻想力去铺张出自己所没有的情感，来骗取读者的同情。这种创造既浪费文字来夸张虚伪的情景和伤感，那些认真的读者要从文艺里充实生活认识人生的，自然要感到十分的不耐烦和失望的。

生活的丰富不在生存方式的种类多与少，如做过学徒，又拉过洋车，去过甘肃又走过云南，却在客观的观察力与主观的感觉力同时的锐利敏捷，能多面地明了及尝味所见、所听、所遇，种种不同的情景；还得理会到人在生活上互相的关系与牵连；固定的与偶然的中间所起戏剧式的变化；最后更得有自己特殊的看法及思想，信仰或哲学。

一个生活丰富者不在客观的见过若干事物，而在能主观的能激发很复杂，很不同的情感，和能够同情于人性的许多方面的人。

所以一个作者，在运用文字的技术学问外，必须是能立在任何生活上面，能在主观与客观之间，感觉和了解之间，理智上进退有余，情感上横溢奔放，记忆与幻想交错相辅，到了真即是假，假即是真的程度，他的笔下才现着活力真诚。 他的作品才会充实伟大，不受题材或文字的影响，而能持久普遍的动人。

这些道理，读者比作者当然还要明白点，所以作品的估价永远操在认真的读者手里，这也是这个选集不得不印书，献与它的公正的评判者的一个原因。

一片阳光①

放了假，春初的日子松弛下来。 将午未午时候的阳光，澄黄的一片，由窗棂横浸到室内，晶莹地四处射。 我有点发怔，习惯地在沉寂中惊讶我的周围。 我望着太阳那湛明的体质，像要辨别它那交织绚烂的色泽，追逐它那不着痕迹的流动。 看它洁净地映到书桌上时，我感到桌面上平铺着一种恬静，一种精神上的豪兴，情趣上的闲逸；即或所谓“窗明几净”。 那里默守着神秘的期待，漾开诗的气氛。 那种静，在静里似可听到那一处淙淙的泉流，和着仿佛是断续的琴声，低诉着一个幽独者自娱的音调。 看到这同一片阳光射到地上时，我感到地面上花影浮动，暗香吹拂左右，人随着晌午的光霭花气在变幻，那种动，柔谐婉转有如无声音乐，令人悠然轻快，不自觉地脱落伤愁。 至多，在舒扬理智的客观里使我偶一回头，看看过去幼年记忆步伐

① 发表于1946年11月24日《大公报·文艺副刊》。

所留的残迹，有点儿惋惜时间；微微怪时间不能保存情绪，保存那一切情绪所曾流连的境界。

倚在软椅上不但奢侈，也许更是一种过失，有闲的过失。但东坡的辩护：“懒者常似静，静岂懒者徒”，不是没有道理。如果此刻不倚榻上而“静”，则方才情绪所兜的小小圈子便无条件地失落了去！人家就不可惜它，自己却实在不能不感到这种亲密的损失的可哀。

就说它是情绪上的小小旅行吧，不走并无不可，不过走走也未始不是更好。归根说，我们活在这世上到底最珍惜些什么？果真珍惜万物之灵的人的活动所产生的种种，所谓人类文化？这人类文化到底又靠一些什么？我们怀疑或许就是人身上那一撮精神同机体的感觉，生理心理所共起的情感，所激发出的一串行为，所聚敛的一点智慧，——那么一点点人之所以为人的表现。宇宙万物客观的本无所可珍惜，反映在人性上的山川、草木、禽兽才开始有了秀丽，有了气质，有了灵犀。反映在人性上的人自己更不用说。没有人的感觉，人的情感，即便有自然，也就没有自然的美，质或神方面更无所谓人的智慧，人的创造，人的一切生活艺术的表现！这样说来，谁该鄙弃自己感觉上的小小旅行？为壮壮自己胆子，我们更该相信惟其人类有这类情绪的驰骋，实际的世间才赓续着产生我们精神所寄托的文物精萃。

此刻我竟可以微微一咳嗽，乃至于用播音的圆润口调说：我们既然无疑的珍惜文化，即尊重盘古到今种种的艺术——无论是抽象的思想艺术，或具体的驾驭天然材料另创的非天然形象，——则对于艺术所由来的渊源，那点点人的感觉，人的情感智慧(通称人的情绪)，又当如何的珍惜才算合理?

但是情绪的驰骋，显然不是诗或画或任何其他艺术建造的完成。这驰骋此刻虽占了自己生活的若干时间，却并不在空间里占任何一个小小位置！这个情形自己需完全明了。此刻它仅是一种无踪迹的流动，并无栖身的形体。它或含有各种或可捉摸的质素，但是好奇地探讨这个质素而具体要表现它的差事，无论其有无意义，除却本人外，别人是无能为力的。我此刻为着一片清婉可喜的阳光，分明自己在对内心交流变化的各种联想发生一种兴趣的注意，换句话说，这好奇与兴趣的注意已是我此刻生活的活动。一种力量又迫着我把握住这个活动，而设法表现它，这不易抑制的冲动，或即所谓艺术冲动也未可知！只记得冷静的杜工部散散步，看看花，也不免会有“江上被花恼不彻，无处告诉只颠狂”的情绪上一片紊乱！玲珑煦暖的阳光照人面前，那美的感人力量就不减于花，不容我生硬地自己把情绪分划为有闲与实际的两种，而权其轻重，然后再决定取舍的。我也只有情绪上的一片紊乱。

情绪的旅行本偶然的事，今天一开头并为着这片春初晌午的阳光，现在也还是为着它。房间内有两种豪侈的光常叫我的心绪紧张如同花开，趁着感觉的微风，深浅凌乱于冷智的枝叶中间。一种是烛光，高高的台座，长垂的烛泪，熊熊红焰当帘幕四下时各处光影掩映。那种闪烁明艳，雅有古意，明明是画中景象，却含有更多诗的成分。另一种便是这初春晌午的阳光，到时候有意无意的大片子洒落满室，那些窗棂、栏板、几案、笔砚浴在光霭中，一时全成了静物图案；再又红蕊细枝点缀几处，室内更是清香浮溢，叫人俯仰全触到一种灵性。

这种说法怕有点会发生误会，我并不说这片阳光射入室内，需要笔砚花香那些儒雅的托衬才能动人，我的意思倒是：室内顶寻常的一些供设，只要一片阳光这样又幽娴又洒脱地落在上面，一切都会带上另一种动人的气息。

这里要说到我最初认识的一片阳光。那年我六岁，记得是刚刚出了水珠以后——水珠即寻常水痘，不过我家乡话叫它做水珠。当时我很喜欢那美丽的名字，忘却它是一种病，因而也觉到一种神秘的骄傲。只要人过我窗口问问出"水珠"吗？我就感到一种荣耀。那个感觉至今还印在脑子里。也为这个缘故，我还记得病中奢侈的愉悦心境。虽然同其他多次的害病一样，那次我仍然是孤独的被囚禁在一间房屋里休养的。那是我们老宅子里最后的一进房子；粉白墙围着小小院子，北面一排三间，当中夹着一个开敞的厅堂。我病在东头娘的卧室里。西头是婶娘的住房。娘同婶永远要在祖母的前院里行使她们女人们的职务的，于是我常是这三间房屋唯一留守的主人。

在那三间屋子里病着，那经验是难堪的。时间过得特别慢，尤其是在日中毫无睡意的时候。起初，我仅集注我的听觉在各种似脚步，又不似脚步的上面。猜想着，等候着，希望着人来。间或听听隔墙各种琐碎的声音，由墙基底下传达出来又消敛了去。过一会，我就不耐烦了——不记得是怎样的，我就蹑着脚，挨着木床走到房门边。房门向着厅堂斜斜地开着一扇，我便扶着门框好奇地向外探望。

那时大概刚是午后两点钟光景，一张刚开过饭的八仙桌，异常寂寞地立在当中。桌下一片由厅口处射进来的阳光，泄泄融融地倒在那里。一个绝对悄寂的周围伴着这一片无声的金色的晶莹，不知为什么，忽使我六岁孩子的心里起了一次极不平常的振荡。

那里并没有几案花香，美术的布置，只是一张极寻常的八仙桌。如果我的记忆没有错，那上面在不多时间以前，是刚陈列过咸鱼、酱菜一类极寻常简朴的午餐的。小孩子的心却呆了。或许两只眼睛倒张大一点，四处张望，似乎在寻觅一个问题的答案。为什么那片阳光美得那样动人？我记得我爬到房内窗前的桌子上坐着，有意无意地望望窗外，院里粉墙疏影同室内那片金色和煦决然不同趣味。顺便我翻开手边娘梳妆用的旧式镜箱，又上下摇动那小排状抽屉，同那刻成花篮形的小铜坠子，不时听雀跃过枝清脆的鸟语，心里却仍为那片阳光隐着一片模糊的疑问。

时间经过二十多年，直到今天，又是这样一泄阳光，一片不可捉摸，不可思议流动的而又恬静的瑰宝，我才明白我那问题是永远没有答案的。 事实上仅是如此：一张孤独的桌，一角寂寞的厅堂，一只灵巧的镜箱，或窗外断续的鸟语，和水珠——那美丽小孩子的病名——便凑巧永远同初春静沉的阳光整整复斜斜地成了我回忆中极自然的联想。

究竟怎么一回事①

写诗究竟是怎么一回事?

写诗，或可说是要抓紧一种一时闪动的力量，一面跟着潜意识浮沉，摸索自己内心所萦回，所着重的情感——喜悦，哀思，忧怨，恋情，或深，或浅，或缠绵，或热烈；又一方面顺着直觉，认识，辨味，在眼前或记忆里官感所触遇的意象——颜色，形体，声音，动静，或细致，或亲切，或雄伟，或诡异；再一方面又追着理智探讨，剖析，理会这些不同的性质，不同分量，流转不定的情感意象所互相融会，交错策动而发生的感念；然后以语言文字(运用其声音意义)

---

① 发表于1936年8月30日《大公报·文艺副刊》第206期。

经营，描画，表达这内心意象，情绪，理解在同时间或不同时间里，适应或矛盾的所共起的波澜。

写诗，或又可说是自己情感的，主观的，所体验了解到的；和理智的，客观的所体察辨别到的，同时达到一个程度，腾沸横溢，不分宾主的互相起了一种作用，由于本能的冲动，凭着一种天赋的兴趣和灵巧，驾驭一串有声音，有图画，有情感的言语，来表现这内心与外物息息相关的联系，及其所发生的悟理或境界。

写诗，或又可以说是若不知其所以然的，灵巧的，诚挚的，在传译给理想的同情者，自己内心所流动的情感穿过繁复的意象时，被理智所窥探而由直觉与意识分着记取的符录！一方面似是惨淡经营，——至少是专诚致意，一方面似是藉力于平时不经意的准备，“下笔有神”的妙手偶然拈来；忠于情感，又忠于意象，更忠于那一串刹那间内心整体闪动的感悟。

写诗，或又可说是经过若干潜意识的酝酿，突如其来的，在生活中意识到那么凑巧的一顷刻小小时间；凑巧的，灵异的，不能自已的，流动着一片浓挚或深沉的情感，敛聚着重重繁复演变的情绪，更或凝定入一种单纯超卓的意境，而又本能地迫着你要刻划一种适合的表情。这表情积极的，像要流泪叹息或歌唱欢呼，舞蹈演述；消极的，又像要幽独静处，沉思自语。换句话说，这两者合一，便是一面要天真奔放，热情地自白去邀同情和了解，同时又要寂寞沉默，孤僻地自守来保持悠然自得的完美和严肃！

在这一个凑巧的一顷刻小小时间中，（着重于那凑巧的）你的所有直觉。理智，官感，情感，记性和幻想，独立的及交互的都迸出它们不平常的锐敏，紧张，雄厚，壮阔及深沉。在它们潜意识的流动，——独立的或交互的融会之间——如出偶然而又不可避免地涌上一闪感悟，和情趣——或即所谓灵感——或是亲切的对自我得失悲欢；或辽阔的对宇宙自然；或智慧的对历史人性。这一闪感悟或是混沌朦胧，或是透彻明晰。像光同时能照耀洞察，又能揣摩包含你的所有已经尝味，还在尝味，及幻想尝味的“生”的种种形色质量，且又活跃着其间错综重叠于人于我的意义。

这感悟情趣的闪动——灵感的脚步——来得轻时，好比潺潺清水婉转流畅，自然的洗涤，浸润一切事物情感，倒影映月，梦残歌罢，美感的旋起一种超实际的权衡轻重，可抒成慷慨缠绵千行的长歌，可留下如幽咽微叹般的三两句诗词。愉悦的心声，轻灵的心画，常如啼鸟落花，轻风满月，夹杂着情绪的缤纷；泪痕巧笑，奔放轻盈，若有意若无意地遗留在各种言语文字上。

但这感悟情趣的闪动，若激越澎湃来得强时，可以如一片惊涛飞沙，由大处见到纤微，由细弱的物体看它变动，宇宙人生，幻若苦谜。一切又如经过烈火燃烧锤炼，分散，减化成为净纯的茫焰气质，升处所有情感意象于空幻，神秘，变移无定，或不减不变绝对，永恒的玄哲境域里去，卓越隐奥，与人性情理遥远的好像隔成距离。身受者或激昂通达，或禅寂淡远，将不免挣扎于超情感，超意象，至覃于超言语，以心传心的创造。隐晦迷离，如禅偈玄诗，便不可制止地托生在与那幻想境界几不适宜的文字上，估定其生存权。

写诗……

总而言之，天知道究竟写诗是怎么一回事。在写诗的时候，或者是“我知道，天知道”；到写了之后，最好学Browning不避嫌疑的自讥的，只承认“天知道”，天下关于写诗的笔墨官司便都省了。

我们仅听到写诗人自己说一阵奇异的风吹过，或是一片澄清的月色，一个惊讶，一次心灵的振荡，便开始他写诗的尝试，迷于意境文字音乐的搏斗，但是究竟这灵异的风和月，心灵的振荡和惊讶是什么？是不是仍为那可以追踪到内心直觉的活动；到潜意识后面那综错交流的情感与意象；那意识上理智的感念思想；以及要求表现的本能冲动？灵异的风和月所指的当是外界的一种偶然现象，同时却也是指它们是内心活动的一种引火线。诗人说话没有不打比喻的。

我们根本早得承认诗是不能脱离象征比喻而存在的。在诗里情感必依附在意象上，求较具体的表现；意象则必须明晰地或沉着地，恰适地烘托情感，表征含义。如果这还需要解释，常识的，我们可以问：在一个意识的或直觉的，官感，情感，理智，同时并重的一个时候，要一两句简约的话来代表一堆重叠交错的外象和内心情绪思想所发生的微妙的联系，而同时又不失却原来情感的质素分量，是不是容易或可能的事？一个比喻或一种象征在字面或事物上可以极简单，而同时可以带着字面事物以外的声音颜色形状，引起它们与其他事物关系的联想。这个办法可以多方面地来辅助每句话确实的含义，而又加增官感情感理智每方面的刺激和满足，道理甚为明显。

无论什么诗都从不会脱离过比喻象征，或比喻象征式的言语。诗中意象多不是寻常纯客观的意象。诗中的云霞星宿，山川草木，常有人性的感情，同时内心人性的感触反又变成外界的体象，虽简明浅现隐奥繁复各有不同的。但是诗虽不能缺乏比喻象征，象征比喻却并不是诗。

诗的泉源，上面已说过，是意识与潜意识的融会交流错综的情感意象和概念所促成；无疑地，诗的表现必是一种形象情感思想合一的语言。但是这种语言，不能仅是语言，它又须是一种类似动作的表情，这种表情又不能只是表情，而须是一种理解概念的传达。它同时须不断传译情感，描写现象诠释感悟。它不是形体而须创造形体颜色；它是音声，却最多仅要留着长短节奏。最要紧的是按着疾徐高下，和有限的铿锵音调，依附着一串单独或相联的字义上边；它须给直觉意识，情感理智，以整体的快愜。

因为相信诗是这样繁难的一列多方面条件的满足，我们不能不怀疑到纯净意识的，理智的，或可以说是“技术的”创造——或所谓“工”之绝无能为。诗之所以发生，就不叫它做灵感的来临，主要的亦在那一闪力量突如其来，或灵异的一刹那的“凑巧”，将所有繁复的“诗的因素”都齐集荟萃于一俄顷偶然的时间里。所以诗的创造或完成，主要亦当在那灵异的，凑巧的，偶然的活动一部分属意识，一部分属直觉，更多一部分属潜意识的，所谓“不以文而妙”的“妙”。理智情感，明晰隐晦都不失之过偏。意象瑰丽迷离，转又朴实平淡，像是纷纷纭纭不知所从来，但飘忽中若有必然的缘素可寻，理解玄奥繁难，也像是纷纷纭纭莫名所以。但错杂里又是斑驳分明，情感穿插联系其中，若有若无，给草木气候，给热情颜色。一首好诗在一个会心的读者前边有时真会是一个奇迹！但是伤感流丽，铺张的意象，涂饰的情感，用人工连缀起来，疏忽地看去，也未尝不像是诗。故作玄奥渊博，颠倒意象，堆砌起重重理喻的诗，也可以赫然惊人一下。

写诗究竟是怎么一回事，真是唯有天知道得最清楚！读者与作者，读者与读者，作者与作者关于诗的意见，历史告诉我传统的是要永远的差别分歧，争争吵吵到无尽时。因为老实地说，谁也仍然不知道写诗是怎么一回事的，除却这篇文字所表示的，勉强以抽象的许多名词，具体的一些比喻来捉摸描写那一种特殊的直觉活动，献出一个极不能令人满意的答案。

设计和幕后困难问题①

自从小剧院公演《软体动物》以来，剧刊上关于排演这剧的文章已有好几篇，一个没有看到这场公演的人读到这些文章，所得的印象是：（一）赵元任②先生的译本大成功；（二）公演的总成绩极好，大受欢迎；（三）演员表演成绩极优，观众异常满足；（四）设计或是布景不满人望，受了指摘；（五）设计和幕后有许多困难处，所以布景（根据批评人）“凑合敷衍”一点，（根据批评人）“处处很将就些”了。

公平说，凡做一桩事没有不遇困难的。我们几乎可以说：事的本身就是种种困难的综合，而我们所以用以对付，解决这些困难的，便是“方法”，“技巧”，和“艺术创作”。排演一场戏，和做一切别的事一样，定有许多困难的，对待这困难，而完成这个戏的排演，便是演戏者的目的。排演一个规模极大的营业性质的戏，和排演一个“爱美”“小剧院公演”的戏，都有它的不同的困难。各有各

---

① 发表于1931年8月2日北平《晨报副刊·剧刊》第32期。

② 赵元任（1892—1982年），江苏武进人，中国语学家及中国语科学的创始人，被称为汉语学之父。

的困难，所以各有各的对待方法，技巧和艺术。 可是无论规模大小的戏，它们的目标，（有一个至少）是相同的。 这目标，不说是“要观众看了满意”，因为这话说出来许要惹祸的，多少艺术家是讲究表达他的最高理想，不肯讲迎合观众的话。 所以换过来说，这目标，是要表达他的理想到最高程度为止，尽心竭力来解决，对待，凡因这演剧所生的种种困难，到最圆满的程度为止，然后拿出来贡献给观众评阅鉴赏，这话许不会错的。

观众的评判是对着排演者拿出来的成绩下的，排演中间所经过的困难苦处，他们是看不见的，也便不原谅的（除非明显的限制阻碍如地点和剧团之大小贫富）。 一方面，凡去看“爱美”剧社或“小剧院”等组织演剧的人，不该期待极周全奢丽的设计，张罗，不用说的。 一方面，演者无论是多小，经费多窘的，小团体，小剧院，也不该以为幕后有种种困难苦处，便是充分理由，可以“处处将就”“敷衍”的。 并且除非有不得已的地方，决不要向观众要求原谅或同情。 道理是：成绩上既有了失败，要求原谅和同情定不会有补助于这已有失败点的成绩的。 如果演戏演到一半台上倒下一面布景，假如倒的原因是极意外的不幸，那么自然要向观众声明的，如果那是某助手那一天起晚了没有买到钉子只用了绳子，而这绳子又不甚结实的话，这幕后的困难便不成立。

讲到幕后，那是无论哪一个幕后都是困难到万分的，拿一方戏台来作种种人生缩影的背景，不管这个戏台比那一个大多少，设备好多少，那也不过百步五十步之比，问题是一样会有的。用几个人来管许多零零碎碎的物件，一会儿搬上一会儿搬下，一定是麻烦的。

余上沅[①]先生在他《软体动物》的舞台设计一篇文章和陈治策先生幕后里都重复提到他们最大的苦处“借”的问题。设计人件件东西不够，要到各处“借”，是件苦痛事！那是不可否认的，但是谈到“布景艺术是个‘借’的艺术”这个恐怕不止中国现在如此，或者他们小剧院这次如此，实在可以说到处都是如此，不过程度有些高下罢了。所谓“道具”虽然有许多阔绰的剧院经常自制，而租（即花费的借），买，借的时候却要占多数。试想戏剧是人生的缩影；时代，地点，种族，社会阶级之种种不同，哪有一个戏剧有偌大宝库里面万物尽有的储起来待用？哪一个戏剧愿意如此浪费，每次演戏用的特别东西都去购制起来堆着？结果是每次所用“道具”凡是可以租借的便当然租去。租与借的分别是很少的，在精力方面，一样是去物色，商量，接洽等麻烦。除却有几个大城有专“租道具”的地方，恐怕世界上哪一个地方演戏，后台设计布景的人都少不了要跑腿到硬化

① 余上沅（1897—1970）湖北江陵人，中国戏剧教育家、理论家。

或软化了的，我记在耶鲁大学戏院的时候我帮布景，一幕美国中部一个老式家庭的客厅，有一个“三角架”，我和另一个朋友足足走了三天足迹遍纽海芬全城，走问每家木器铺的老板，但是每次他都笑了半天说现在哪里还有地方找这样一件东西！（虽然在中国“三角架”——英文原名“what not”——还是一件极通行的东西）耶鲁是个经济特殊宽裕的剧院，每次演的戏也都是些人生缩影，并不神奇古怪，可是哪一次布景，我们少了跑腿去东求西借的？戏院主任贝克老头儿，每次公演完戏登台对观众来了一个绝妙要求；便是要东西，东西中最需要的？鞋！因为外国鞋的式样最易更改戏的时代，又常常是十年前五十年前这种不够古代的古装，零碎的服饰道具真难死人了。这个小节妙在如果全对了，观众里几乎没有人注重到的，可是你一错，那就有了热闹了！所以我以为小剧院诸位朋友不应该太心焦，以为“借”东西是你们特有的痛苦。

陈治策先生又讲到另几种苦处，但是归纳起来好像都在东西不齐全和“乱七八糟”，还有时间似乎欠点从容。戏台设计在戏剧艺术中占极重要的地位的，导演人之次，权威最大的便是“设计图稿”。排演规矩，为简朴许多纠纷图样一经审定（导演人和设计人磋商之后），便是绝对标准。各方面（指配光，服装，道具，着色，构造，各组）在可能范围内要绝对服从的。那么所有困难设计师得比别人先知道，顺着事势，在经费舞台以及各种的限制内，设计可以实现的，最圆满布置法，关于形式色彩等等，尤宜先拟就计划，以备实行布景时按序进行的。陈先生所讲的幕后细节中，所给我的印象是他们并没有计划，只是将要的东西的部位定出，临时“杂凑”借来填入，不知道事实是否如此？这印象尤其是陈先生提到“白布单子”一节。

台上的色彩不管经济状况如何，我认为绝对可以弄到调和有美术价值的。沙软到什么地位，我们怕要限于金钱和事势，颜色则轻易得多了，弄到调和不该是办不到的。我对于“白布单”并不单是因为它像协和病房，却是因此我对于他们台上的色调生很大疑心。照例台上不用白色东西的除非极特别原因故意用它。因为白色过显，会“跳出来打在你眼上”（说句外国土话），所以台上的白色实际上全是“茶色”，微微的带点蜜黄色的，有时简直就是放在茶里泡一会儿拿来用。（也许他们已经如此办了，恕我没有看这戏只能根据剧刊上文章）绘画也是本这原则，全画忌唐突的白色，尤其是在背景里，并且这白单子是要很接近白太太的东西，它一定会无形中扰乱观众对于白太太全神贯注的留意，所以不止在美术上欠调和，并且与表演大有妨碍。

说已经说太多，实在正经问题没有讨论起一点只好留之将来，有机会和小剧院诸位细细面谈。他们幕后和设计最大困难我认为还是协和礼堂的戏台太浅不适用，我自己在那里吃过一次大苦，所以非常之表同。 还有一节便是配光问题，可是这次他们没有提起我又没看到戏，现在也不必提了。 关于戏台一节，以建筑师的眼光看来既盖个礼堂可以容二三百人的何在乎省掉那几尺的地面和材料，只用一个讲台，我老实的希望将来一切学校凡修礼堂的不要在这一点上节省起来，而多多的给后台一点布景的机会，让“爱美”的学生团体或别人租用礼堂演戏的痛痛快快。

再余上沅先生文章(七月十二日)上提到“台左，有法国式的玻璃窗通花园像不像玻璃，是不是法国式”他们“不敢担保”，像不像玻璃我不在场不敢说，据一个到场的朋友说他没有注意到。 是不是“法国式”问题，我却敢作担保，因为建筑上所谓“法国窗”(或译“法国式窗”)是指玻璃框到地的“门”而(法国最多)，那一天台上的“窗”的确是“门”，可以通到“花园”的，所以我敢担保它是个“法国窗”。 玻璃不玻璃问题，后来陈治策先生倒提到“糊上玻璃纸开窗时胡拉胡拉响”， “玻璃纸”是什么我不知道，不过玻璃窗不用玻璃，或铁丝纱而又不响的有很多很经济的法子，倒可以试用的。

其余的都留到后来和小剧院诸位面谈吧。

又据赵元任夫人说第二次又公演时，布景已较前圆满多多，布景诸位先生受观众评议后如此虚心，卖力气，精神可佩，我为小剧院兴奋。